AF474057

HISTOIRE ET AVENTURES

DU

# BARON DE MUNCHHAUSEN.

Imprimerie de Delevingne et Callewaert.

H. HENDRICKX. DEL.

# A la Mémoire

DE L'ILLUSTRE

# Baron de Munchhausen.

---

## SONNET.

Cinquante ans ont passé sur ton nom radieux,
Sans que le temps jaloux ait rien pu sur ta gloire.
Tout cède à son effort lent et victorieux,
Mais il s'use les dents à mordre à ta mémoire.

On a beau t'appeler un menteur furieux;
Nous n'en cesserons pas pour cela de te croire;
Car tes nobles exploits et tes faits glorieux
Feront sonner toujours le clairon de l'histoire.

A de moins grands que toi si l'on fait des autels,
Les siècles veilleront sur la tombe muette,
Où Burger secoua de sa main de poète

Ton linceul héroïque et tes restes mortels,
Et, parant du laurier de sa muse ta cendre,
Se fit ton Quinte-Curce, ô toi son Alexandre!

V. H.

# Préface.

En Allemagne il n'est personne qui ne connaisse l'his-oire du baron de Munchhausen. Tous les yeux ont lu, outes les oreilles ont entendu cette curieuse histoire. Depuis plus de cinquante ans, elle se raconte aux veillées d'hiver, elle égaye les joyeux buveurs autour des tables où coule le vin du Rhin, elle voyage avec les caravanes des étudiants de Heidelberg et de Jéna, elle déride le front des graves penseurs du Nord et donne un ton de plus à la gaieté des rieurs du Midi. Dieu sait combien de fois elle a déridé le front de l'hôte de Johannisberg lui-même.

Mais, en réalité, c'est plutôt par tradition qu'elle s'est propagée partout, qu'elle s'est glissée dans toutes les familles, qu'elle s'est imprimée dans toutes les mémoires, que par le livre lui-même, qui, ignoré de la plupart, mérite cependant une place dans la bibliothèque de tout véritable Allemand. Car est-il un livre qui ait apporté plus de joie dans la plus humble chaumière et dissipé plus de soucis dans les palais les plus riches?

On peut dire, sans être taxé d'exagération, que l'histoire de Munchhausen est une des perles de la littérature allemande. Peu de productions de cette littérature qui présentent une richesse aussi variée d'*humour*, une aussi grande abondance de saillies, une ironie aussi fine, et en même temps une allure aussi franche et aussi facile.

Le modeste écrivain auquel cette œuvre est due n'a jamais voulu se nommer. Cependant l'histoire littéraire allemande l'attribue généralement au poëte G. A. Burger. Même, dans une réimpression des œuvres complètes de l'auteur de *Lénore*, on a inséré l'histoire de Munchhausen, quoiqu'elle n'ait jamais été publiée dans l'édition originale.

On a tout lieu de croire que Burger eut une part très-importante, la plus grande peut-être, à cet ouvrage, et qu'il doit en être considéré comme l'éditeur. Mais, en réalité, il n'en fut pas l'auteur unique; car il n'est pas moins certain que deux de ses célèbres contemporains, Kaerstner et Lichtenberg, ses condisciples à l'université de Gœttingue, y contribuèrent aussi pour une bonne part. Il est probable, comme la tradition le raconte, que l'idée première de cette production est le résultat de quelque joyeuse causerie de table de ces trois chefs de la littérature allemande, cherchant à lutter entre eux d'imagination et de récits exagérés, et que l'un d'eux, Burger, lui donna la forme sous laquelle elle fut publiée, pour la première fois, en 1788, comme une prétendue traduction de l'anglais, éditée à Londres, bien qu'elle fût mise en lumière par la librairie de Dieterich à Gœttingue. La participation de Lichtenberg à ce livre ne peut être révoquée en doute; elle résulte de tant de choses, elle se révèle si bien dans l'ensemble de l'œuvre et dans les détails, qu'elle saute aux yeux de toutes parts à l'examen critique le plus superficiel. On y reconnaît aussi clairement la verve caustique de Kaerstner. L'idée de produire l'ouvrage comme une traduction allemande d'une création originale anglaise, ainsi que l'ont porté toutes les éditions publiées jusqu'à ce jour, appartient évidemment à cet écrivain. Elle peut toutefois avoir en partie sa source dans l'intention d'éviter tout scandale et de ne pas se compromettre. Mais il est évident qu'il n'existe pas d'édition anglaise de l'histoire de Munchhausen antérieure à l'allemande. La première édition anglaise est postérieure de plusieurs années à la première allemande publiée à Gœttingue. C'est pour ces motifs que nous aurions peut-être dû retrancher la préface placée par les auteurs en tête de leur prétendue traduction. Nous croyons cependant devoir la reproduire parce qu'elle facilite pour le lecteur l'intelligence de l'ouvrage.

La spéculation mercantile qui a envahi jusqu'au domaine de la littérature a fait produire plusieurs suites aux voyages et aux aventures de Munchhausen. A l'édition publiée en 1794 et réimprimée en 1795, à Copenhague, on a joint un deuxième volume. Un troisième a été ajouté à celle qui parut en 1794 à Badenwerder, et un quatrième à celle qui fut mise en lumière dans la même ville en 1800. Nous n'avons pas cru devoir faire usage de ces continuations et le lecteur nous en saura gré sans doute, car elles ne méritent aucune attention et jamais elles n'ont pris racine ni dans la littérature ni dans l'esprit populaire. C'est de l'eau versée dans de généreux vin de Champagne. Nous nous sommes donc bornés à reproduire ici l'œuvre telle qu'elle fut primitivement conçue par les trois écrivains de la plume desquels elle est sortie, sans l'altérer autrement que par une légère modification apportée à deux aventures dont la crudité aurait pu effaroucher la classe de lecteurs auxquels cette traduction est destinée.

Voici ce que Burger, Lichtenberg et Kaerstner écrivirent en tête de leur livre.

### *Préface de l'éditeur anglais.*

« Le baron de Munchhausen, auquel on doit l'origine de la plupart des aventures que nous racontons ici, appartient à l'une des plus nobles familles de l'Allemagne, à une lignée qui a fourni à plusieurs provinces de cet empire les hommes les plus honorables et les plus illustres. Lui-même est le type le plus rare de l'honnête homme et possède l'esprit le plus original. Comme il a trouvé sans doute par expérience combien de peine on a souvent à faire entrer un peu de sens commun dans la plupart des têtes, et combien des ergoteurs effrontés ont souvent de facilité à assourdir toute une compagnie et à lui faire accroire, en dépit des cinq sens, les choses les plus saugrenues, il ne se donne jamais la peine de les réfuter; mais il dirige d'abord adroitement la conversation vers des sujets indifférents, puis il raconte une petite historiette de ses voyages, de ses campagnes, de ses aventures drôlatiques, dans un ton tout à fait particulier, mais qui est le véritable ton qui convient à l'art de bien mentir, ou, pour parler plus décemment, de tirer le grand couteau du fourreau.

« On a, il y a quelque temps, recueilli plusieurs de ces historiettes et on les a offertes au public afin de propager un moyen dont peut se servir, à l'occasion, celui qui vient à tomber au milieu d'une assemblée où trône quelqu'un de ces impudents fanfarons. Cette occasion se présente en tout temps et chaque fois que quelqu'un avance sérieusement des choses fausses sous le masque de la vérité, et trompe, au détriment de son propre honneur et de sa propre conscience, ceux qui ont le malheur d'être ses auditeurs.

« Aussi, l'écoulement rapide des premières éditions de ce petit livre, qu'on aurait peut-être plus convenablement intitulé *le Démenteur*, a suffisamment prouvé que le public en a parfaitement compris le but moral.

« La présente édition est considérablement augmentée. Nous espérons que ces additions ne seront pas regardées comme des rameaux indignes du tronc dont elles sont sorties. »

A la suite de cette préface se trouvait la suivante :

*Préface du traducteur allemand.*

« C'est en vérité un phénomène étrange que la publication des récits suivants en Angleterre. Nés et grandis sur le sol allemand, propagés dans toute la patrie germanique sous les formes et dans les costumes les plus divers, ils ont enfin été recueillis à l'étranger et mis en lumière. Peut-être en cette occasion encore l'Allemagne fut injuste envers le mérite de ses propres enfants. Peut-être l'Angleterre a-t-elle mieux compris ce que c'est que l'esprit, quelle est sa valeur, et combien il honore celui qui le possède. Ce sont là des points que d'autres pourront discuter. Pour nous, il nous suffit d'avoir recherché dans un pays étranger un produit national pour le rendre à sa patrie, sans avoir été guidés par cet esprit mercantile qui pousse nos écrivains à braconner sans relâche sur le domaine des littératures étrangères.

» Du reste, ce petit recueil a fait fortune dans les deux pays. L'original anglais a obtenu cinq éditions, et nous publions aujourd'hui la seconde de la traduction allemande. Nous l'avons enrichie des additions qui ont été faites à la cinquième édition anglaise, mais sans nous attacher toutefois à les reproduire textuellement; car, en plus d'un endroit, nous avons retranché des interpolations qu'on y avait glissées et qui ne s'accordent pas avec la version primitive. En un mot, nous avons, dans cette seconde édition, comme nous l'avions fait dans la première, traité ce petit livre, non pas comme un dépôt sacré, mais comme une propriété dont nous avons le droit de faire ce qu'il nous plaît.

» Nous devons à la vérité de dire que ce livre n'est ni un système, ni un traité, ni un commentaire, ni un mémoire, ni une dissertation, et qu'aucune des classes de nos principales académies et sociétés scientifiques n'y a pris la moindre part. Cependant nous croyons que ce n'est pas là une raison pour qu'il ne puisse, sous plus d'un rapport, être d'une grande utilité et d'un salutaire enseignement. Quel fruit on peut en retirer, l'éditeur anglais l'a suffisamment développé dans sa préface, en nous disant l'intention réelle dans laquelle il fut écrit. Un critique anglais espère même que cette production contribuera à convertir certains hâbleurs du parlement britannique. Nous l'espérons avec lui pour d'autres. Cependant, si elle n'aboutissait qu'à égayer innocemment le lecteur, il n'est pas nécessaire, croyons-nous que l'auteur de cette préface mette ses habits de dimanche, son manteau, son jabot et sa perruque à marteaux, pour recommander humblement ce petit volume à la bienveillance de la gent lisante. Car, si mince et si frivole qu'il puisse paraître au premier abord, il est peut-être d'une valeur infiniment plus importante qu'un grand nombre d'honorables volumes, gros et ventrus, qui ne possèdent ni le privilége de faire rire, ni celui de faire pleurer, et ne redisent que ce qui a été dit mille et mille fois avant leur laborieuse naissance.»

HISTOIRE ET AVENTURES

DU

# BARON DE MUNCHHAUSEN.

## HISTOIRE ET AVENTURES

DU

# BARON DE MUNCHHAUSEN.

'entrepris mon voyage en Russie au cœur de l'hiver, parce que je conclus en homme judicieux que, grâce à la neige et à la gelée, les grandes routes des contrées septentrionales de l'Allemagne, de la Pologne, de la Courlande et de la Livonie, — lesquelles, selon le rapport de tous les voyageurs, sont peut-être plus difficiles encore que le chemin du temple de la vertu, — seraient au moins devenues praticables sans qu'il en coûtât rien aux coffres des sages et louables gouvernements de ces pays. Je voyageais à cheval, ce qui est la meilleure manière de voyager, pourvu que le cheval et le cavalier se portent bien; car, de cette façon, on n'est jamais exposé à avoir une affaire d'honneur à démêler avec un galant maître de poste, ni forcé de faire halte devant chaque cabaret pour donner à un postillon altéré le temps d'étancher une soif qui ne cesse pas. Je n'étais que fort légèrement vêtu, ce dont j'eus passablement à souffrir, à mesure que j'avançais vers le nord-est.

# I

## Comment le baron de Munchhausen fit une bonne action et comment il en fut récompensé.

Car, imaginez-vous, par le temps âpre qu'il faisait et sous le rude climat de la Pologne, un pauvre vieillard que je vis couché au milieu d'une plaine où soufflait une bise glacée. Représentez-vous sa détresse, abandonné, tremblant de froid et ayant à peine de quoi couvrir sa nudité.

Le pauvre diable m'inspira une pitié profonde; de sorte qu'au risque de me laisser geler à moi-même le cœur dans la poitrine, je lui jetai mon manteau de voyage autour des épaules. Tout à coup une voix du ciel, louant d'une manière extraordinaire cette œuvre de charité, retentit à mes oreilles disant :

— Mon fils, le diable m'emporte, cet acte ne restera pas sans récompense.

— C'est bien, me dis-je en moi-même.

Et je continuai ma route, jusqu'à ce que la nuit et l'obscurité vinrent me surprendre. J'avais beau regarder autour de moi, j'avais beau écouter de toutes mes oreilles ; pas un village, pas un hameau, pas une maison de près ni de loin. Le pays tout entier était couvert de neige, et je ne savais ni route ni chemin.

— Que faire? me demandai-je.

## II

### Comment le baron de Munchhausen attacha par erreur son cheval au bout d'un clocher.

Ma résolution fut bientôt prise. Harassé de fatigue, je descendis des étriers et attachai mon che-

Page 7.

val à une espèce de tronc d'arbre dont la pointe sortait de la neige. Pour plus de sûreté, je pris mes pistolets sous mon bras et me couchai non loin de là, dans la neige, où je m'endormis d'un si beau sommeil que je ne rouvris les yeux que lorsque le jour fut entièrement levé. Mais quel fut mon étonnement en me trouvant, à mon réveil, au milieu d'un village et couché dans un cimetière ! Je regardai d'abord autour de moi, cherchant des yeux mon cheval, sans le trouver. Ma surprise fut extrême, comme vous pouvez bien penser. Mais presque au même instant j'entendis au-dessus de moi des gémissements sourds et prolongés. Je levai la tête et aperçus mon cheval attaché à la pointe du clocher, où il se trouvait suspendu par la bride.

— Diable ! m'écriai-je.

Et de la main je me frappai le front ; j'avais compris la cause de ce singulier événement. Car sachez que le village avait été entièrement couvert de neige, la veille, et que, pendant la nuit, le dégel était subitement survenu ; de sorte que, durant mon sommeil, j'étais descendu tout doucement, tout doucement, à mesure que la neige s'était fondue. Ce que, dans l'obscurité, j'avais pris pour une tige d'arbre qui pointait au-dessus de la neige et à laquelle j'avais attaché mon cheval, était tout bonnement la croix du clocher de l'église.

Sans me perdre en longs expédients, je pris un de mes pistolets, visai droit à la bride du cheval et lâchai la détente. De cette manière je revins heureusement en possession de ma monture et me remis immédiatement en route.

Dès lors tout alla bien, jusqu'à ce que j'arrivai en Russie, où il n'est pas précisément de mode de voyager à cheval, l'hiver. Aussi, comme j'ai toujours eu pour principe de faire à Rome comme on fait à Rome, j'y achetai un petit traîneau pour un seul cheval et m'élançai gaiement sur la route de Saint-Pétersbourg.

# III

## Comment le baron de Munchhausen attela un loup à son traîneau.

Maintenant je ne sais plus au juste si c'était dans l'Estonie ou dans l'Ingermanland, mais je me souviens encore parfaitement que ce fut dans une forêt effroyable que je me vis poursuivi par un loup affamé. Comprenez-vous ce que c'est que de sentir à ses trousses un loup qui a guetté au passage, pendant huit jours peut-être, quelque malheureux voyageur ? Dieu vous préserve de jamais en trouver un sur votre route, au cœur de l'hiver, dans une de ces âpres solitudes. Il m'avait flairé de loin, sans doute, et s'élança à ma poursuite, furieux, bondissant dans la neige et poussant des cris de joie. Je lançai mon coursier de toute sa vitesse, à grands coups de fouet et en lui lâchant les rênes de toute leur longueur, précaution fort inutile du reste, car il sentait l'approche de l'ennemi même sans l'avoir vu. Mais nous avions beau aller avec la rapidité de l'éclair, le loup gagnait toujours du terrain sur nous. Nous avions beau aller comme le souffle du vent, le loup nous serrait de plus près toujours. Il était sur nos talons, et il eût fallu un miracle pour nous faire échapper. Je ne sais comment çela se fit; mais je me couchai, en quelque sorte machinalement, à plat ventre dans le traîneau, laissant mon cheval courir au hasard et chercher le moyen de se tirer d'affaire comme il l'entendrait, selon son instinct. Et, sur mon âme, bien m'en prit; car il arriva précisément une chose que je présumais, il est vrai, mais que j'osais à peine espérer. En effet, le loup, s'inquiétant fort peu de mon individu, s'élança par-dessus moi, se jeta avec fureur sur le cheval, mit en pièces et dévora en un instant tout l'arrière-train du pauvre animal, qui, poussé à la fois par l'épouvante et par la souffrance, redoublait de vitesse et bondissait avec une rapidité effrénée.

— Dieu soit béni! m'écriai-je en remerciant mentalement le ciel de m'avoir sauvé si heureusement et d'une manière si imprévue.

Mais représentez-vous l'étonnement et la frayeur qui me saisirent au moment où, relevant furtivement la tête, je vis que le loup s'était entièrement fait jour au travers du cheval. Il s'y était si bien engagé, que, sans faire ni un ni deux, je me mis à le frapper de toutes mes forces et à lui cingler rudement la peau. Cette étrillade si peu attendue ne lui causa pas une médiocre frayeur, de sorte qu'il s'élança en avant aussi vite qu'il put, complétement pris qu'il était dans le harnais. Il courait avec une telle rapidité, que la carcasse du cheval se détacha par pièces et par morceaux et joncha la neige de ses débris sanglants. Mon traîneau volait sur la route, emporté par le loup que je ne cessais de fouetter et de frapper de plus belle. Ce fut un voyage terrible, épouvantable. Tout tourbillonnait autour de moi. Nous dévorions l'immense désert de neige où nous glissions. Et je frappais toujours, et je fouettais toujours. Enfin, après un galop furibond, nous arrivâmes tous deux sains et saufs à

Saint-Pétersbourg, contre notre attente respective et à la grande stupéfaction de tous les spectateurs.

Je ne veux pas vous ennuyer, messieurs, par de longues ambages sur la législation, sur les arts, sur les sciences et autres choses remarquables de cette capitale de la Russie, et moins encore vous entretenir de toutes les intrigues et joyeuses aventures qui s'y croisent dans les sociétés de bon ton, où un étranger est toujours sûr d'être accueilli par la dame de la maison avec une excellente goutte de rhum et une tendre caresse. J'aime mieux arrêter votre attention sur des sujets plus relevés et plus nobles, notamment sur les chevaux et les chiens, dont j'ai toujours été grand ami, puis sur les renards, les loups, les ours et autre gibier de cette nature, dont il y a plus grande abondance en Russie que dans tout autre pays du monde, enfin sur ce genre de parties de plaisir, d'exercices chevaleresques et actes de courage qui ornent cent fois mieux un gentilhomme que ne le font un peu de grec ou de latin moisi, ou ces sachets à odeur, ces grimaces et ces cabrioles que les badauds admirent tant dans les fats et les beaux esprits français.

# IV

## Comment le baron de Munchhausen canonisa un vieux général.

Comme il s'écoula quelque temps avant que je pusse être admis à un emploi dans l'armée, j'eus, pendant une couple de mois, le loisir et la liberté parfaite de dépenser mon temps, aussi bien que mon argent, de la façon la plus noble du monde. Plus d'une nuit fut consacrée tout entière au jeu, et beaucoup se passèrent au choc et à la musique de verres remplis à plein bord. Le froid de ce pays et les mœurs de la nation russe ont assigné à la bouteille une importance sociale bien autrement grande que celle qu'elle a dans notre sobre Allemagne. La bouteille fait en Russie les frais principaux de la conversation. Aussi, j'y ai fréquemment rencontré des gens qui pouvaient passer pour de véritables virtuoses dans le noble art de boire. Mais il y en avait un surtout dont le pareil n'a pas encore été trouvé. Tous n'étaient que de misérables mazettes à côté de lui. C'était un vieux général qui dînait avec nous à table d'hôte, une figure respectable, une barbe grisonnante, un teint cuivré et une crinière de lion. Il avait fait des guerres terribles et assisté à des batailles dont le récit vous ferait dresser les cheveux sur la tête. Il les racontait merveilleusement; mais, sur mon âme, il buvait plus merveilleusement encore. Dans un combat soutenu contre les Turcs dans la Crimée, il avait perdu tout le dessus de son crâne. Un sabre turc lui avait enlevé cela comme un souffle. Aussi, il gardait toujours, même à table, le chapeau sur la tête, et s'en excusait avec la courtoisie la plus aimable chaque fois qu'un étranger venait s'y asseoir avec nous. Il avait l'habitude de vider, pendant le dîner, plusieurs flacons d'eau-de-vie, et il terminait ordinairement par une bouteille d'arak, à moins que, selon la circonstance, il ne recommençât *da capo*, ce qui lui arrivait quelquefois. C'était vraiment une chose incroyable. Les bouteilles s'engouffraient dans cet homme. Elles étaient là, un moment après elles avaient disparu. Et cependant il ne donnait jamais le moindre signe d'ivresse. Je le vois, cela passe votre intelligence, mais je vous le pardonne volontiers, messieurs, car je ne fus pas moins frappé en le voyant que vous ne l'êtes en m'écoutant. Je cherchai longtemps à m'expliquer cet étrange phénomène, jusqu'à ce qu'enfin un singulier hasard m'en fournît la clef. Le général avait coutume de lever de temps en temps son chapeau. J'avais souvent remarqué ce mouvement, mais sans y attacher aucune importance; car il me semblait fort naturel que son front s'échauffât et qu'il sentît le besoin de se rafraîchir par moments la tête. Mais, un soir, je vis qu'il levait, en même temps que son chapeau, une plaque d'argent qui s'y trouvait fixée et lui servait de crâne, et que, chaque fois, les fumées du vin et des liqueurs spiritueuses qui lui étaient montées au cerveau, s'échappaient en l'air comme un léger nuage.

— Ah ! voici que l'énigme est résolue ! me dis-je à part moi.

Je communiquai ma découverte à une couple d'amis, et m'offris, comme il faisait déjà nuit quand je fis cette remarque, à en démontrer aussitôt la justesse et l'exactitude par une expérience irrécusable. Je me plaçai donc avec ma pipe derrière le général, et mis avec un morceau de papier le feu au nuage, au moment où le brave replaçait le chapeau sur sa tête. Au même instant nous vîmes un spectacle aussi beau qu'inattendu. La colonne de vapeur qui planait sur la tête de notre héros s'était changée en une colonne de feu. Ses cheveux eux-mêmes rayonnaient de la plus belle lumière bleue, qui lui faisait à la tête une auréole digne du plus grand saint du calendrier. Mon expérience ne put rester cachée au général. Mais il s'en fâcha si peu qu'il nous permit même de la répéter à notre loisir, heureux qu'il était d'avoir au moins quelque rapport avec un des élus du ciel.

Je passe sous silence un grand nombre d'autres scènes plaisantes que nous eûmes dans des occasions pareilles, parce que j'ai hâte de vous raconter diverses histoires de chasse qui me semblent plus remarquables et plus dignes de votre attention. Vous pouvez facilement vous imaginer, messieurs, que je me liai de préférence avec ces braves compagnons qui savent apprécier convenablement la valeur de ce noble plaisir des princes et des grands seigneurs. Les amusements variés que je puisai dans cette occupation et le bonheur extraordinaire qui me secondait dans toutes ces entreprises, resteront toujours parmi les plus beaux souvenirs de ma vie.

## V

### Comment le baron de Munchhausen se servit d'un de ses yeux pour amorcer son fusil.

Un matin je vis, par la fenêtre de ma chambre à coucher, qu'un grand étang qui se trouvait dans le voisinage était entièrement couvert de canards sauvages. Aussitôt je décrochai mon fusil du mur et me mis à descendre les marches de l'escalier quatre à quatre, avec tant de précipitation que je me cognai avec force contre le montant de la porte. Ce fut un coup terrible. Je vis mille chandelles devant mes yeux, mais je ne m'arrêtai pas. J'atteignis bientôt l'étang, et me préparai à donner une bonne volée de plomb aux canards. Mais, au moment où j'ajustais mon arme, je m'aperçus à mon grand chagrin que le coup que je m'étais donné avait en même temps fait tomber la pierre du chien de mon fusil. Que faire en ce moment? Il n'y avait pas une minute à perdre. En une seconde les canards pouvaient s'être envolés. Heureusement me revint à l'esprit ce que j'avais, un instant auparavant, remarqué à mes yeux. J'ouvris aussitôt le bassinet, ajustai mon fusil et me donnai un coup de poing dans l'œil droit, d'où jaillirent au même instant mille flammes. La poudre s'alluma, le coup partit, et je tuai cinq couples de canards, quatre milouins et deux poules d'eau. La présence d'esprit, vous le savez, messieurs, est l'âme des actes d'héroïsme. Si elle seconde fréquemment le soldat et les gens de mer, elle n'est pas moins souvent favorable aux chasseurs.

C'est ainsi que j'aperçus, un autre jour, sur un lac, au bord duquel j'étais parvenu dans une de mes excursions, une belle compagnie de canards sauvages qui y nageaient, épars et dispersés de manière qu'il me parut impossible d'en frapper un assez grand nombre d'un seul coup. Car j'avais par malheur mis la dernière charge dans mon fusil, et je désirais ne pas retourner sans une bonne chasse à la maison, où m'attendait une nombreuse société d'amis et de connaissances que j'avais invités ce jour-là.

## VI

### Comment le baron de Munchhausen inventa un nouveau stratagème pour attraper des canards.

Je me rappelai qu'il y avait encore au fond de ma carnassière un petit morceau de lard qui me restait des provisions dont je m'étais muni en partant. Je l'attachai à une ficelle que j'avais sur moi et que j'allongeai encore en dédoublant la laisse de mon chien et en en nouant les quatre bouts l'un à l'autre. Cela fait, je me cachai derrière les roseaux dont le lac était bordé, je jetai dans l'eau le morceau de lard, et j'eus bientôt la satisfaction de voir l'un des canards s'en approcher et l'avaler d'un coup.

— Cela va bien, me dis-je tout bas.

En effet, les autres canards s'approchèrent aussitôt, croyant trouver un régal pareil à celui de leur compagnon. Vous savez combien ces animaux ont la digestion facile. A peine le premier eut-il avalé le lard, qu'il le dévoya aussitôt. Un second l'avala et le dévoya de même. Et ce fut toujours ainsi, jusqu'à ce qu'au bout de quelques minutes le lard eut passé par tous les estomacs, entraînant avec lui la ficelle qui les enfila tous comme les grains d'un rosaire. Tous étaient pris.

— Vous êtes mes prisonniers, mes amis, leur dis-je tout joyeux.

Je pris les deux bouts de la ficelle, les nouai fortement l'un à l'autre, et, me l'étant passée cinq ou six fois autour des bras et des épaules, je m'en retournai à la maison, content de ma chasse, comme vous pensez bien.

—·—

## VII

### Comment le baron de Munchhausen fut enlevé par les canards.

Mais, quand j'eus marché pendant quelque temps, cette charge de canards commença singulièrement à m'incommoder. Je fus presque fâché d'en avoir pris une aussi grande quantité, et songeais au moyen de me débarrasser au moins d'une partie, quand tout à coup il m'arriva une aventure qui, d'abord, ne me causa pas une médiocre inquiétude. Car sachez que les canards, tous vivants encore, étaient revenus de leur premier étourdissement, et se mirent à battre des ailes de toutes leurs forces et à m'enlever dans l'air avec eux. Je faillis perdre la tête à mon tour. Mais ma présence d'esprit ordinaire me sauva encore en cette circonstance. Un autre eût commencé par recommander son âme à Dieu et par dire un acte de contrition. Je fis mieux. Je mis à profit, aussi bien que je pus, cet événement et ouvris les basques de mon habit dont je me servis en guise de rames pour diriger vers ma maison ce voyage aérien. J'arrivai bientôt heureusement sur le toit de mon logis. Alors il fut question de descendre sans me rompre les os. Je me mis à tordre le cou à chacun des canards, et descendis avec eux sain et sauf par le tuyau de la cheminée. Nous tombâmes dans la cuisine, où par bonheur on n'avait pas encore commencé à allumer le feu. Jugez de l'étonnement et de la stupéfaction de mon cuisinier. Il me regardait, béant et les yeux ouverts tout larges comme s'il eût vu un miracle.

— Jésus! Maria! Joseph! s'écria-t-il en reculant d'épouvante.

— Ce n'est rien, mon ami, lui répondis-je, je t'apporte le produit de ma chasse.

# VIII

## Comment le baron de Munchhausen prit sept perdreaux avec la baguette de son fusil.

Je dus une aventure à peu près semblable à une compagnie de perdreaux. J'étais sorti pour essayer un nouveau fusil de chasse, et j'avais entièrement usé mon petit plomb, quand tout à coup, contre mon attente, une compagnie de perdreaux partit à mes pieds. Le désir d'en voir le même soir figurer quelques-uns sur ma table, à souper, m'inspira un moyen dont vous pourrez, messieurs, vous servir, sur ma parole, quand l'occasion s'en présentera. Aussitôt que j'eus aperçu qu'ils s'étaient abattus à quelque distance de là, je chargeai promptement mon fusil et y laissai couler la baguette au lieu de plomb. Je m'avançai aussitôt avec précaution sur les perdreaux, mais ils prirent leur vol en une longue ligne au moment où je déchargeais mon coup. J'eus le bonheur d'en enfiler sept avec ma baguette qui tomba à une cinquantaine de pas plus loin, comme une broche de cuisinier richement garnie. Comme je viens de vous le dire, messieurs, le proverbe : *Aide-toi, le ciel t'aidera,* est d'une vérité incontestable.

## IX

### Comment le baron de Munchhausen chassa un renard hors de sa peau.

Un autre jour je rencontrai, dans l'une des forêts les plus considérables de la Russie, un admirable renard noir. En vérité, c'eût été un péché de trouer d'une balle ou d'une décharge de plomb cette magnifique fourrure. Je résolus donc de le prendre d'une autre façon. Messire renard se trouvait près du tronc d'un gros arbre. Je tirai d'abord la balle de mon fusil où j'enfonçai un gros clou. Je fis feu, et la queue du renard resta attachée à l'arbre. Alors je m'avançai vers lui, tirai mon couteau de chasse, et après lui en avoir donné au front une entaille en forme de croix, me mis à le fouetter impitoyablement de toutes mes forces. J'y allai de si beau jeu et d'une main si ferme, que (chose merveilleuse et plaisante à voir !) il se dégagea entièrement de sa peau et me laissa la plus belle fourrure que j'aie vue de ma vie.

## X

### Comment le baron de Munchhausen prit deux sangliers vivants.

——

Souvent l'occasion et le bonheur corrigent les

fautes que nous pouvons commettre dans la vie. J'en eus bientôt un frappant exemple.

Je me trouvais un jour au fond d'une forêt, quand j'avisai tout à coup une truie sauvage et un marcassin qui, se suivant l'un l'autre, se dirigeaient de mon côté. Le danger était pressant. La dernière balle que j'avais dans mon fusil manqua ces terribles ennemis qui s'approchaient de plus en plus. Que faire? Je m'interroge un moment sur le parti qui me reste à prendre. Aussitôt le marcassin prend la fuite et disparaît. Le sanglier reste seul, mais immobile comme si ses pattes eussent été clouées au sol. Je m'étonnai d'abord, ne pouvant comprendre le motif de cette immobilité. Je résolus donc d'en examiner de plus près la cause, et m'aperçus aussitôt que l'animal était aveugle et qu'il tenait encore entre les dents la queue du marcassin qui, par piété filiale, lui servait de guide. Ma balle, ayant passé entre eux, avait coupé la queue dont la truie mâchait toujours le bout. Croyant que son guide s'était arrêté, elle était restée immobile aussi et ne bougeait pas plus que si elle eût pris racine. Je profitai de cette singulière circonstance, pris le bout

Page 28.

de la queue, et emmenai chez moi le sanglier sans résistance et sans peine.

Mais, si redoutables que soient souvent ces animaux, les porcs sauvages sont infiniment plus redoutables et plus dangereux encore.

Un jour j'en rencontrai un dans la forêt, au moment où j'étais le moins préparé à la défense et à l'attaque. A peine s'il me restait le temps de me reculer derrière un tronc d'arbre. L'animal furieux s'élança vers moi en poussant un grognement épouvantable et en ouvrant sa gueule de toute sa largeur. Il me porta un coup de dents tel que, m'étant brusquement rejeté de côté, il les enfonça si profondément dans le tronc de l'arbre qu'il lui fut impossible de les en retirer et de me porter un deuxième coup.

— Ha! ha! compère, lui dis-je, maintenant nous allons voir qui sera le vainqueur ici.

Je pris une grosse pierre et me mis à frapper avec tant de force sur la mâchoire que ses défenses s'enfoncèrent de plus en plus dans le bois et qu'il ne put plus faire le moindre mouvement. Cela fait, je me rendis à un village voisin où je me pourvus de cordes et d'une charrette. Et, après l'avoir solidement garrotté, je le fis transporter vivant et intact chez moi, ce qui étonna grandement ceux qui le virent.

## XI

### Comment le baron de Munchhausen planta un cerisier dans la tête d'un cerf.

Vous avez sans doute, messieurs, entendu parler de saint Hubert, le patron des chasseurs et des archers, et du cerf qui se présenta devant lui, dans la forêt des Ardennes, portant la sainte croix entre ses cors. Je n'ai pas manqué de rendre, tous les ans, hommage à ce grand saint, en bonne compagnie. Mille fois je l'ai vu représenté avec son cerf dans les églises, de même que sur les étoiles de ses chevaliers. De sorte que, sur mon honneur et dans ma conscience de brave chasseur, j'aurais de la peine à vous nier qu'il y ait eu autrefois de ces cerfs portant une croix sur la tête, ou qu'il y en ait peut-être encore aujourd'hui. Mais, au lieu de discuter ce point d'histoire naturelle, permettez-moi de vous raconter une chose que j'ai vue de mes propres yeux. Un jour, après avoir épuisé tout mon plomb, je donnai, de la manière la plus inattendue, sur le plus beau cerf du monde. Il s'arrêta devant moi, me regardant insolemment et avec un air moqueur dans le blanc des yeux, comme s'il eût su que ma poire à balles était épuisée. Pendant qu'il me toisait ainsi, je chargeai aussitôt mon fusil où je laissai couler une poignée de noyaux de cerises que j'avais, aussi vite que je pus, dégarnis de leur chair. Et à l'instant même je lui envoyai toute cette décharge droit au milieu du front, entre les deux cors. Il chancela un moment, étourdi qu'il était de ce coup; mais il se redressa bientôt et s'échappa à travers les halliers avec toute la vitesse de la peur. Un an ou deux après cette rencontre, je me trouvais à la chasse dans la même forêt.

quand tout à coup je vis apparaître devant moi. le croiriez-vous? un superbe cerf portant sur la tête un cerisier admirable! Je me rappelai soudain ma première aventure, et, regardant l'animal comme une propriété depuis longtemps mienne à tous les titres, je l'étendis sur l'herbe, d'un coup parfaitement ajusté au milieu de la tête. Ainsi je trouvai à la fois le dîner et le dessert; car le cerisier était chargé des meilleurs fruits que j'eusse mangés de ma vie. Ne pourrait-on pas supposer, après cela, que quelque pieux chasseur, abbé ou évêque, ait de la même manière planté dans le front du cerf de saint Hubert le germe de sa croix? Mais c'est là une discussion que j'abandonne aux savants qui veulent approfondir la cause de ce miracle. Car je tiens à vous raconter une autre histoire qui m'arriva dans ces mêmes temps.

----

# XII

## Comment le baron de Munchhausen fit sauter un ours comme une bombe.

Un jour je cheminais dans une forêt où j'avais chassé jusqu'au tomber de la nuit. Toutes mes munitions étaient épuisées, et je reprenais tranquillement le chemin de ma maison, quand je me trouvai inopinément en face d'un ours énorme qui, les yeux flamboyants, la gueule ouverte toute large et les griffes toutes prêtes, menaçait de me dévorer. Je m'arrêtai, saisi d'épouvante et fouillant inutilement et en toute hâte mes poches et ma carnassière pour y chercher quelques grains de poudre et une malheureuse balle que je n'y trouvais pas. Le péril était imminent. Je n'avais dans mon gousset que deux pierres à fusil pour toute défense, et pourtant j'en étais à mon *to be or not to be*. Aussi je ne fis ni un ni deux et lançai l'un des silex dans la gueule béante de l'ours, avec tant de force qu'il pénétra jusque dans les entrailles du menaçant animal. L'ours, effrayé et étourdi, tourna deux fois sur lui-même. Je saisis le moment où il me présenta le derrière, pour lui lancer l'autre pierre dans l'orifice postérieur, ce qui me réussit tellement bien que, non-seulement elle s'y enfonça tout droit, mais encore qu'elle rencontra avec violence celle que j'avais jetée d'abord dans la gueule. Le choc fut tel, que les deux pierres firent feu, et que l'ours éclata avec une explosion effroyable. Il était déchiré, mutilé, mis en pièces, comme si on lui eût fait avaler une bombe allumée.

# XIII

## Comment le baron de Munchhausen soutint un combat contre un ours.

En vérité, vous eussiez dit qu'il était écrit sur le grand rouleau de ma destinée que je dusse toujours me voir attaqué par les monstres les plus furieux au moment où j'étais le moins en état de me défendre, comme si leur instinct les eût avertis de ma faiblesse. Mais ils comptaient sans leur hôte. C'est ainsi qu'un jour, précisément comme je venais de dévisser la pierre de mon fusil de chasse, un ours gigantesque s'élança vers moi en hurlant d'une manière effroyable. Je n'eus que le temps de grimper au plus vite sur un arbre afin de m'y préparer à la défense. Mais malheureusement, dans la rapidité du mouvement que je fis, je laissai échapper mon couteau de chasse dont je venais de me servir, et il ne resta plus de quoi affermir la vis ni serrer la pierre. Et l'ours était parvenu au pied de l'arbre, furieux et me menaçant à la fois des dents et des yeux. A chaque moment je m'attendais à le voir monter après moi pour me dévorer.

— Munchhausen, me dis-je à part moi, il faut du courage ici pour ne pas laisser ta peau et tes os dans cette forêt.

Il me restait un expédient, il est vrai : celui que j'avais déjà employé avec tant de succès contre les canards sauvages. Mais je n'aimai pas à y recourir, parce que ce coup de poing dans l'œil m'avait occasionné une ophthalmie qui n'avait pas été sans danger pour ma vue et dont je n'étais pas encore complétement guéri. J'eusse donné tout au monde pour être en possession de mon couteau qui était tombé au pied de l'arbre, la pointe dans la neige. Je songeais à un moyen de le tirer à moi. Mais j'avais beau me casser la tête; je n'avançais pas d'un cran, et le péril devenait plus pressant toujours;

car l'ours, assuré de sa proie, hurlait de joie en tournant autour du tronc où il s'apprêtait à monter. Une idée lumineuse me vint. Je tirai de ma poche un morceau d'aimant que j'y avais mis pour faire, quelques jours auparavant, une expérience magnétique dans mes excursions. Je l'attachai à une ficelle que je descendis juste au-dessus du manche de mon couteau. L'aimant ayant le pouvoir d'attirer le fer et le manche étant précisément garni de ce métal, je remontai heureusement le couteau qui suivit docilement la ficelle jusque dans ma main.

— A présent vous pouvez monter, messire Brun, dis-je à l'ours.

Je ne sais s'il prit mes paroles pour une invitation courtoise ; mais j'eus à peine dit ces mots, qu'il se mit en devoir de grimper sur l'arbre. J'avais eu le temps d'affermir la vis et la pierre, et j'accueillis mon hôte avec une bonne décharge composée de deux balles qui lui firent perdre à tout jamais la vue, l'ouïe et tout le reste. Il roula dans la neige avec un grognement désespéré, se tordit un moment dans les convulsions de la mort, et ne bougea plus.

# XIV

## Comment le baron de Munchhausen retourna une louve vivante.

C'est ainsi qu'un autre jour je fus attaqué à l'improviste par une louve affamée qui cherchait sans doute de quoi apporter à manger à ses petits. Elle me tomba si inopinément sur le corps, que je n'eus pas le temps de la coucher en joue ni de tirer mon coutelas. Je fermai donc bravement le poing et le lui plongeai dans la gueule. Je poussai, je poussai toujours, j'enfonçai toujours le poing dans l'animal, de sorte qu'il ne put le moins du monde se servir de ses dents. Tout mon bras y était engagé jusqu'à l'épaule. Mais que faire en ce moment critique? Je vous assure que cette position était loin d'être agréable. Car imaginez-vous cela : être face à face avec une louve affamée et furieuse, elle songeant avec amour à ses petits, moi songeant avec amour à mon propre salut. Vous comprenez que nous ne nous occupions pas à nous faire les yeux doux. Si j'avais retiré mon bras, c'en était infailliblement fait de moi; car je lisais distinctement dans les yeux de mon adversaire ses dispotions à l'égard de mon individu. Aussi, ma résolution fut bientôt prise. Je lui saisis vigoureusement les entrailles et me mis à tirer de toutes mes forces. Bref, je retournai la louve comme un gant, et la laissai morte sur la neige.

## XV

### Comment le manteau du baron de Munchhausen devint enragé.

---

Ce moyen, si expéditif et si sûr qu'il fût, je n'aurais pas osé l'essayer pour me défaire d'un chien enragé que je rencontrai, quelque temps après, dans un petite ruelle à Saint-Pétersbourg, et qui s'élançait assez impoliment vers moi.

— Ici il n'y a qu'à s'enfuir au plus vite, pensai-je.

Et je me mis à courir de toutes mes jambes. Mais, pour échapper plus facilement au furieux animal, je lui jetai mon manteau; car on porte en Russie des manteaux toute l'année, vu que, même au milieu de la canicule, ce maudit pays offre encore trente degrés de froid. Le dogue s'amusa un moment à mordre mon vêtement, et me laissa ainsi le temps de me sauver. Quand l'animal fut passé, je fis prendre mon manteau par mon valet qui l'accrocha dans ma garde-robe auprès de mes autres habits. Neuf jours après, je fus effrayé d'un bruit étrange que j'entendis dans la maison. Je crus un instant que le feu venait de prendre à mon appartement. Mais je distinguai bientôt la voix de mon domestique qui m'appelait de toute la force de ses poumons :

— Monsieur le baron, venez voir, au nom du ciel !

Il entra tout effaré dans ma chambre, tremblant et pâle comme un mort qui se relève du fond de son cercueil.

— Qu'est-ce donc, Wladimir? lui demandai-je.

— Votre manteau est devenu enragé, me répondit-il.

Je courus aussitôt à la garde-robe et vis, à ma grande stupéfaction, que tous mes habits étaient mis en pièces et misérablement déchirés. Vestes, culottes, chapeaux, rien n'avait échappé à cet horrible désastre. Le faquin avait deviné juste, mon manteau était enragé. Il bondissait dans la chambre avec une fureur effrénée et un vacarme infernal. Vous eussiez dit un diable qui a bu de l'eau bénite. Au moment où j'entrai, il déchirait précisément mon bel habit de cour dont les broderies et les galons jonchaient déjà le plancher. Je m'armai aussitôt de mon épée, et Wladimir prit ma cravache. Mais nous eûmes beau faire, nous ne pûmes mettre le furibond à la raison. Sa rage, au contraire, augmentait à mesure que nous essayions de la dompter. Force me fut donc de le laisser faire, et j'en fus quitte pour renouveler toute ma toilette, ce qui me coûta presque une année de revenu.

## XVI

### Des chiens et des chevaux merveilleux du baron de Munchhausen.

Dans toutes ces circonstances difficiles, messieurs, dont je me tirai toujours avec assez de bonheur, quoique plus d'une fois au péril de ma tête, ce fut le sang-froid et la présence d'esprit qui me sauvèrent. On sait que ces qualités font en grande partie le bonheur du chasseur, du marin et du soldat, et les tirent le plus souvent des positions dangereuses où ils peuvent se trouver. Mais ce serait un général, un chasseur ou un amiral très-mal appris que celui qui, se reposant, en tout état de cause, sur sa présence d'esprit et sur son sang-froid, n'emploierait point, selon l'occasion, les ruses nécessaires et ne se pourvoirait pas des moyens et des instruments indispensables pour obtenir un bon succès. On ne peut guère, je puis le dire, m'accuser d'avoir jamais commis une pareille faute; car on m'a toujours cité pour l'excellence de mes chevaux, de mes chiens et de mes armes, comme aussi pour mon adresse particulière à les manier et à les conduire. De sorte que je puis hardiment me vanter d'avoir fondé suffisamment ma gloire dans les bois, dans les prés et dans la plaine. Je ne veux pas vous entretenir fastidieusement de tous les détails de mes écuries, de mes chenils et de mes salles d'armes, comme les garçons d'écurie et de chasse et les chefs de meute ont l'habitude de faire. Je me bornerai à vous parler de deux de mes chiens qui se distinguèrent particulièrement à mon service. C'étaient deux animaux si miraculeux que je n'en perdrai jamais le souvenir, dussé-je atteindre l'âge de Mathusalem. Aussi je veux en cette occasion vous en dire quelques mots. L'un était un chien couchant si infatigable, si intelligent et si prudent, que tous ceux qui le virent me l'envièrent. Je l'eusse fait courir jour et nuit sans parvenir à le mettre sur les dents. La nuit je lui attachais une lanterne à la queue et je pouvais chasser avec lui aussi bien, et mieux encore, qu'en plein jour.

## XVII

### Comment le baron de Munchhausen faillit perdre sa femme et perdit son chien favori.

Or, un jour, ce fut peu de temps après mon mariage, ma femme me témoigna le désir d'aller à la chasse. J'avais pris les devants pour chercher à dépister quelque gibier; et, en effet, je vis bientôt mon chien en arrêt devant une compagnie de plusieurs cents de perdreaux. Je ne voulais pas tirer, parce que je désirais laisser à ma femme le temps d'arriver. Elle me suivait à cheval avec mon lieutenant et un de mes domestiques. Mais j'eus beau attendre, je ne vis et n'entendis rien venir. S'ils ne se hâtaient, la compagnie pouvait s'envoler. Aussi je regardai, toujours plus impatient, sur la route, mais rien ne venait. Enfin, je devins inquiet, je retournai sur mes pas, et à mi-chemin j'entendis des gémissements lamentables qui frappaient douloureusement mon oreille. Il me semblait que les gémissements partaient d'un endroit prochain, et cependant pas une âme vivante ne se montrait de près ni de loin. Je ne savais à quoi attribuer ces mystérieuses et inexplicables lamentations, et j'allais me croire le jouet d'une illusion, quand soudain l'idée me vint de descendre de cheval et de poser l'oreille sur le sol pour mieux écouter. L'idée conçue fut exécutée aussitôt, j'entendis plus distinctement les gémissements et je reconnus la voix de ma femme, de mon lieutenant et de mon domestique. Je vis en même temps que, non loin de l'endroit où j'étais, se trouvait un puits de houillère ; dès ce moment il n'y eut plus de doute pour moi. Décidément ma pauvre femme et ses deux compagnons étaient tombés dans le puits. Je remontai à cheval et poussai au grand galop mon coursier vers le village le plus prochain pour y chercher des mineurs qui, accourus sur les lieux, parvinrent enfin, après des peines et un labeur inouïs, à ramener au jour les malheureux du fond de ce puits, profond de quatre-vingt-dix toises.

Ils retirèrent d'abord le domestique, puis son cheval, puis le lieutenant avec son cheval, et enfin ma femme avec sa haquenée arabe. Ce qu'il y avait d'aussi étonnant que ce malheur même, c'est que, dans cette chute effroyable, les hommes ni les chevaux n'avaient pas reçu le moindre mal, si ce n'est quelques légères égratignures; cependant ils avaient été saisis d'une horrible terreur : aussi, il n'y avait plus moyen de songer à continuer la chasse. Et, comme vous avez, ainsi que je le soupçonne, oublié mon chien pendant ce récit, vous ne m'en voudrez pas si je l'oubliai à mon tour pendant ce terrible événement.

Nous reprîmes donc le chemin de la maison sans penser à lui le moins du monde.

# XVIII

## Comment le baron de Munchhausen retrouva son chien.

---

Les devoirs de mon service exigeaient que je me misse en voyage le lendemain de bon matin. Ce voyage dura quinze jours, après lesquels je revins. J'étais de retour depuis quelques heures, quand je m'aperçus que Diane n'était pas à la maison. Personne ne s'était inquiété de la pauvre bête : mes gens s'étaient tous imaginés qu'elle m'avait suivi, et maintenant, à mon grand chagrin, on n'en retrouvait plus la moindre trace. Tout à coup un souvenir me revint.

— Mon Dieu! je sais où elle est! m'écriai-je en me frappant le front.

On crut que j'étais devenu fou.

— Mon cheval, Wladimir! mon cheval à l'instant même! dis-je à mon domestique en courant vers l'écurie comme un insensé.

En une seconde je me trouvai en selle et piquai des deux, m'élançant avec la rapidité de l'éclair vers le champ où j'avais laissé Diane, quinze jours auparavant, en arrêt devant la compagnie de perdreaux. La crainte de l'avoir perdue et le désir de la trouver me donnaient des ailes. J'atteignis bientôt le champ, et, à mon grand étonnement, je trouvai Diane dans la même pose où je l'avais laissée en volant au secours de ma femme tombée dans le puits.

— Va! lui dis-je.

Et au même instant elle chercha à s'élancer et à me ramener vingt-cinq perdreaux que j'avais tués d'un seul coup. Mais le pauvre animal était si exténué de faim et tellement affaibli qu'il ne put faire le moindre mouvement; car il n'avait pas mangé depuis quinze jours. Pour le ramener à la maison, je fus forcé de le prendre sur mon cheval; mais vous pouvez vous imaginer avec quelle joie je me soumis à cette incommodité. Après que je l'eusse fait soigner pendant quinze jours, je retrouvai ma Diane aussi bien remise et aussi alerte qu'auparavant. Ce ne fut que plusieurs semaines après, que je fus à même de résoudre une énigme qui, sans un hasard étrange, me fût peut-être demeurée insoluble à tout jamais.

## XIX

### Comment le baron de Munchhausen chassa des lièvres merveilleux.

Voici comment ce hasard singulier m'arriva.

J'avais été depuis deux jours tout entiers à la poursuite d'un maudit lièvre sans pouvoir l'atteindre. Mon chien lui barrait à tout moment le passage, mais il m'était impossible de l'abattre. Je n'ai jamais cru à la sorcellerie ni à la magie, j'ai vu trop de choses extraordinaires dans ma vie pour avoir cette faiblesse-là. Mais ici c'était vraiment comme une œuvre de magie et de sorcellerie, comme une chose surnaturelle. Enfin, après des peines et des fatigues inouïes, j'atteignis le lièvre de si près que je le touchais du bout de mon fusil. Je lâchai la détente, et il tomba. Je me mis alors à examiner cet animal extraordinaire et je m'aperçus, le croiriez-vous? qu'il avait huit pattes, c'est-à-dire quatre de plus que n'en ont les lièvres ordinaires; et celles-ci étaient placées sur le dos, de sorte que quand il avait fatigué les quatre inférieures, il se mettait à courir des quatre autres, comme un bon nageur qui fait alternativement la coupe et la planche. C'est ainsi qu'il était parvenu à nous mettre presque sur les dents, mon chien et moi.

Je n'ai plus jamais revu un lièvre de cette espèce, et celui-là même je n'aurais jamais pu parvenir à l'atteindre sans l'excellent chien que j'avais. Aussi je puis dire que ma Diane était une bête unique au monde.

Cependant je possédais un lévrier qui lui disputait avec avantage ce titre glorieux. Si ces messieurs avaient été admis à le voir, ils ne se fussent aucunement étonnés de l'affection que je lui portais et du plaisir que j'avais à chasser avec lui. Il courut tant et si longtemps et me servit avec un zèle si infatigable, qu'il s'usa littéralement les pattes jusqu'au jarret et qu'à la fin de ses jours je pus facilement l'employer comme chien terrier. Il me servit pendant deux ou trois ans en cette dernière qualité.

Beppa, quand il était encore lévrier, — permettez-moi de vous faire observer que c'était une chienne, — se mit un jour à la poursuite d'un lièvre qui me parut extraordinairement gros. C'était réellement dommage de voir ma pauvre chienne courir ainsi, car elle était grosse et prête à faire des petits. Cependant, elle allait toujours, quoi que je fisse pour la ménager. Et elle allait avec une telle rapidité que mon cheval avait toute la peine du monde à la suivre, même à une assez grande distance. Tout à coup j'entendis des aboiements et des jappements comme si toute une meute de chiens se trouvait réunie, mais ils étaient si faibles et si indécis que je ne savais que penser de cela. Quand je me fus approché, un spectacle inouï s'offrit à mes yeux.

Le lièvre, ou plutôt la hase, fatiguée par la chasse que Beppa n'avait cessé de lui donner, avait mis bas ses petits dans cette course furibonde. Ma chienne avait fait de même et ses jeunes étaient en nombre égal à celui des petits levrauts. Ceux-ci s'étant mis à fuir selon leur instinct, les autres s'étaient jetés à la poursuite et les avaient pris tous. De cette manière je me trouvai, à la fin de la chasse, maître de six chiens et de six lièvres, après n'avoir commencé qu'avec un seul lièvre et un seul chien.

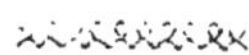

## XX

### Comment le baron de Munchhausen fit des évolutions à cheval sur une table.

---

Je garderai toujours le souvenir de cette admirable chienne, comme je conserverai celui d'un superbe cheval lithuanien que je possédais à cette même époque. Tous les trésors du grand Mogol ne valaient pas ce cheval. Je le gagnai par une circonstance qui me fournit l'occasion de montrer glorieusement mon adresse dans le noble art de l'équitation. Voici comment la chose se passa. Je me trouvais à la magnifique maison de campagne du comte Przobofsky en Lithuanie. Le soir était venu et les dames prenaient le thé. Je restai auprès d'elles dans le salon, tandis que tous les cavaliers étaient descendus dans la cour pour examiner un jeune cheval pur sang que le comte venait d'acheter. Tout à coup nous entendîmes un grand cri de détresse. Les dames tressaillirent d'effroi.

— Jésus ! Marie ! quelque malheur sans doute ! exclama la comtesse en pâlissant et en se précipitant vers l'une des fenêtres.

Je descendis en toute hâte dans la cour et trouvai le cheval si furieux que personne n'osait se hasarder de l'approcher, moins encore le monter. Les cavaliers les plus intrépides étaient là irrésolus, troublés, ne sachant que faire. La peur et l'inquiétude étaient peintes sur tous les visages, quand d'un bond je m'élançai sur le cheval qui, surpris et fasciné de ma hardiesse, fut non-seulement effrayé, mais encore se laissa dompter et se soumit. Je triomphai si complétement de lui, que, pour mieux montrer mon adresse aux dames et pour leur épargner la peine de descendre dans la cour, je le forçai d'entrer par la fenêtre dans le salon, dont je fis quatre ou cinq fois le tour, au pas, au trot, au galop. Enfin, je le fis monter sur la table et lui fis faire les passades et les évolutions les plus élégantes et les plus hardies. Je le menai avec une dextérité telle qu'il ne cassa pas le moindre verre, pas la moindre tasse. Cette adresse me mit si bien en faveur auprès du comte et des dames, qu'avec sa courtoisie habituelle il me fit présent du cheval. Je l'acceptai comme un souvenir de son amitié et m'en servis merveilleusement dans la guerre contre les Turcs, qui éclata peu de temps après et que nous fîmes sous les ordres du général Munnich pour la gloire de la Russie.

# XXI

## Des prouesses du baron de Munchhausen dans la guerre contre les Turcs.

---

Certes, on n'eût pu me faire un cadeau plus agréable que celui-là, d'autant plus qu'il promettait de m'être d'une si grande utilité dans cette campagne où je voulais gagner mes éperons et servir comme simple volontaire. Un cheval aussi docile, aussi courageux et aussi ardent (c'était un mouton et un Bucéphale tout ensemble) devait me faire ressouvenir en tout temps du devoir d'un brave soldat et des gestes héroïques que le jeune Alexandre accomplit dans ses guerres mémorables.

Parmi les motifs qui donnèrent lieu à cette

campagne, il y avait un but souverain, l'idée de rétablir l'honneur des armes russes si largement ébréché dans la guerre qui se fit sous le czar Pierre sur les bords du Pruth. Nous réussîmes complétement à prendre notre revanche en plusieurs rudes et glorieuses rencontres avec les Ottomans, grâce à l'intelligente conduite de notre grand général.

Le devoir de la discrétion défend aux subalternes de s'attribuer de grandes victoires et de beaux faits d'armes dont la gloire appartient communément de droit aux chefs, malgré les qualités vulgaires qu'ils possèdent du reste, aux rois et aux reines, qui le plus souvent n'ont jamais senti que la poudre des feux d'artifice, ni jamais assisté à des combats que dans les manœuvres d'exercice, ni jamais vu d'ordre de bataille que dans les parades.

Aussi je ne forme aucune prétention personnelle à la gloire que nos grandes batailles procurèrent à nos armes. Nous fîmes tous notre devoir, mot qui, dans le langage du patriote, du soldat, bref, de tout homme de courage, a une signification beaucoup plus large et plus importante que l'oisif vulgaire ne s'imagine communément. Pour moi, j'avais sous mes ordres un corps de hussards d'avant-garde, avec lequel je fis plusieurs expéditions qui furent confiées à ma bravoure et à mon expérience éprouvées. Pourtant, ce n'est pas à moi seul que j'en rapporte le succès, mais je le partage volontiers en toute justice avec les braves compagnons que je conduisais à la victoire.

## XXII

### Comment le cheval du baron de Munchhausen fut coupé en deux sans qu'il cessât de courir.

---

Un jour qu'il nous fallut refouler la garnison turque d'Oczakow dans ses retranchements, mon avant-garde se trouva chaudement engagée. Mon ardent lithuanien m'eût conduit dans la cuisine du diable. Je me trouvais placé à un avant-poste fort avancé et vis tout à coup venir du côté de la ville un épais nuage de poussière. Ce nuage, soulevé sans doute par un gros de cavalerie, se dirigeait de mon côté. J'étais complétement incertain sur le nombre et les intentions de l'ennemi. M'envelopper comme lui dans un nuage de poussière pareil, eût été une ruse vulgaire, et, en outre, elle ne m'eût que médiocrement servi, tout en faisant manquer peut-être le but dans lequel j'étais envoyé, c'est-à-dire celui d'observer les ennemis. Je lançai donc mes tirailleurs à droite et à gauche du corps que je commandais, après leur avoir ordonné de s'étendre de plus en plus et de faire le plus de poussière qu'il leur serait possible. Cela fait, je me dirigeai moi-même droit sur le nuage qui s'avançait toujours, pour observer ce qui se passait. Quand je l'eus presque atteint, il recula presque aussitôt en désordre, se repliant devant mes tirailleurs. Alors il était temps de tomber sur lui. Je donnai le signal et nous nous jetâmes vigoureusement sur l'ennemi. Nous le dispersâmes complétement, en fîmes un grand carnage, et parvînmes, non-seulement à en refouler les restes dans la ville, mais encore à y pénétrer avec eux, les battant toujours sans faire de quartier, les écharpant à plaisir à travers la forteresse, et si bien qu'ils se sauvèrent par la porte opposée.

Comme mon cheval était d'une agilité extraordinaire, je fus des premiers sur les talons des fuyards; et, voyant qu'ils s'étaient échappés par l'autre issue de la ville, je trouvai bon de faire halte sur la grande place du marché, afin d'y réunir tous les miens. Je m'arrêtai donc; mais, imaginez-vous mon étonnement, messieurs, quand je ne vis ni trompette ni aucun de mes hussards autour de moi.

— Se seraient-ils répandus dans d'autres rues? ou que sont-ils devenus, mes gaillards? me demandai-je.

Et je ne sus que penser de tout cela. Cependant ils ne pouvaient, selon mon opinion, être éloignés et devaient dans quelques minutes me rejoindre. En attendant qu'ils arrivassent, je dirigeai mon lithuanien vers une fontaine qui se trouvait au milieu du marché, car il était entièrement essoufflé et prodigieusement altéré. Il but d'une manière inconcevable, et buvait toujours sans paraître se désaltérer. Je ne compris rien à cette soif immodérée, et je m'en étonnais grandement, quand tout à coup je m'aperçus que c'était chose toute naturelle. Car, en me retournant au moment où mes gens survinrent, je vis, — que croiriez-vous que je visse, messieurs? — tout l'arrière-train du pauvre animal coupé net, juste au milieu de l'épine dorsale et des reins. Il était tout simple ainsi, que l'eau s'écoulât à mesure qu'il la buvait, sans qu'elle pût le désaltérer.

# XXIII

## Comment les deux parties du cheval furent rajustées.

Comment cela arriva, ce fut une énigme complète pour moi, jusqu'à ce que mon domestique accourut du côté opposé à celui par où j'étais venu, et me raconta ce qui suit, au milieu d'un flux de cordiales félicitations et de jurons énergiques. Au moment où je m'étais jeté pêle-mêle au milieu des ennemis en déroute, on avait brusquement laissé tomber la herse dont les dents avaient coupé toute la partie postérieure de mon cheval. Le hussard ajoutait que cette partie du brave lithuanien, au moment où les ennemis se précipitaient vers la porte, s'était jetée aveuglément au milieu d'eux et y avait exercé de terribles ravages par ses ruades continuelles et furieuses. Après cela, elle s'en était allée toute triomphante dans un pré voisin où je devais infailliblement la retrouver. Je tournai bride aussitôt et me dirigeai au grand galop vers le pré avec la partie du cheval qui était restée sous moi. A ma grande joie, j'y trouvai la moitié que je cherchais. Comme j'étais bien assuré que les deux moitiés de l'animal étaient encore vivantes, je fis aussitôt venir notre vétérinaire, qui se mit, au même instant, en devoir de les frotter d'onguent de laurier et de les ajuster l'une à l'autre. La blessure se guérit heureusement. Mais il arriva une chose qui ne pouvait avenir qu'à un animal d'un aussi grand mérite, le laurier s'était mis à germer et poussa des racines par la cicatrice, de manière à me former un berceau glorieux à l'ombre duquel je fis plus d'une expédition honorable.

Je veux encore vous raconter ici, en passant, une petite déconvenue que j'eus en cette circonstance. J'avais si vivement et si longtemps haché l'ennemi, que mon bras en avait fini par rester dans le même mouvement, sabrant toujours l'air, longtemps encore après que l'ennemi eut été rejeté au delà des montagnes. Or, pour ne pas m'exposer moi-même à me blesser et pour ne pas exposer ceux de mes gens qui m'approchaient de trop près à être frappés, je me vis forcé à porter, pendant huit jours, le bras en écharpe comme s'il m'eût été coupé à demi.

## XXIV

### Comment le baron de Munchhausen voulut épier le camp ennemi sur un boulet de canon.

—

Un homme, en état de conduire un cheval tel que mon lithuanien, vous devez, messieurs, le croire capable d'un autre petit trait de voltige et d'hippiatrique, qui, du reste, vous paraîtra peut-être un peu fabuleux. Nous étions occupés à faire le siége de je ne sais plus quelle ville, et le général en chef mettait la plus haute importance à savoir quelle était la situation des affaires dans la forteresse. Il paraissait extraordinairement difficile, voire même impossible, de pénétrer à travers les avant-postes, les gardes et les retranchements, et par conséquent, d'espérer d'obtenir quelque résultat par ce moyen. Un peu trop confiant peut-être dans mon courage et dans mon zèle, je me plaçai à côté d'une de nos plus grandes pièces de siége au moment où les artilleurs allaient y mettre le feu. Je n'en fis ni un ni deux et sautai sur le boulet pour me faire ainsi transporter dans la ville. J'avais déjà fait la moitié du voyage à travers l'air, quand je me mis à songer à l'étourderie que je commettais.

— Hum! fis-je en moi-même, aller au but ce n'est rien; mais, après, comment revenir de là? Comment m'échapper de cette pétaudière? On ne manquera pas de me traiter en espion et de me mettre autour de la gorge un bon collier de chanvre. Certes, un pareil champ d'honneur n'est pas celui où un Munchhausen peut et doit mourir.

Ayant agité toutes ces choses dans ma pensée, je pris une prompte résolution, et saisis à l'instant même une occasion favorable que me présentait un boulet de canon qui arrivait du côté de la forteresse et qui était destiné aux assiégeants. Comme il passait à deux ou trois pas du boulet où j'étais assis, je m'élançai aussitôt dessus et revins, au milieu des miens, sans avoir, il est vrai, réussi dans mon projet, mais entièrement sain et sauf.

Autant j'étais leste et alerte à la voltige, autant mon cheval l'était aussi : haies ni fossés, rien ne l'arrêtait. Il allait tout droit son chemin sans dévier d'un pouce. Un jour je me trouvais à la poursuite d'un lièvre qui, pour m'échapper, coupa la grande route et se jeta dans un champ voisin. Un carrosse où se trouvaient deux belles dames, roulait précisément sur la chaussée entre le lièvre et moi. Mon cheval passa si rapidement et d'un élan si bien calculé à travers la voiture, dont les vasistas étaient ouverts, que j'eus à peine le temps d'ôter mon chapeau et de demander courtoisement pardon aux jolies voyageuses de la liberté grande que je prenais ainsi.

# XXV

## Comment le baron de Munchhausen traversa un marais en se soutenant par sa queue.

Un autre jour, je voulais sauter un marais qui, au premier abord, avait été loin de me paraître aussi large que je le trouvai en réalité lorsque je me vis presque au milieu. Je tournai aussitôt bride au milieu de mon élan et ramenai mon cheval au point d'où j'étais venu. Je le lançai pour la deuxième fois, mais je pris encore mon élan trop court, de sorte que je tombai près du bord opposé jusqu'au cou dans la boue. Sans ma présence d'esprit ordinaire, j'eusse infailliblement péri. Je me tirai de ce danger imminent rien que par la force de mon bras, en serrant d'abord mon cheval entre mes

Page 67

jambes, puis en me soulevant fortement par ma queue et en nous ramenant tous deux au rivage.

## XXVI

### Comment le baron de Munchhausen fut pris par les Turcs et fit une ascention dans la lune.

Cependant, malgré ma bravoure et mon sang-froid; malgré mon agilité et celle de mon cheval, malgré notre dextérité et notre vigueur, je n'obtins pas toujours, dans la guerre contre les Turcs, les succès que j'eusse désirés : j'eus même le malheur d'être fait prisonnier par l'ennemi, après avoir été accablé par le nombre dans une de nos rencontres. Même, il m'arriva pis encore que cela, car je fus, selon l'usage pratiqué chez les Turcs, vendu comme esclave.

Réduit à cet état d'humiliation, ce n'est pas que les travaux auxquels j'étais forcé me parussent bien lourds et bien durs. Ce qui me parut plus insupportable c'était l'ennui et l'étrangeté de l'occupation qui m'était imposée. Car imaginez-vous qu'on m'avait donné la charge de conduire tous les matins aux champs les abeilles du sultan, de les y mener paître pendant la journée tout entière, puis de les ramener tous les soirs à leurs ruches. Un soir, je m'aperçus qu'il manquait une des abeilles de l'essaim. Je crus d'abord avoir mal compté, mais je vis presque aussitôt que deux ours l'avaient attaquée et qu'ils avaient l'intention de lui prendre son miel. Comme je n'avais pas d'autre arme à ma portée que la hachette d'argent qui est le signe distinctif des jardiniers et des laboureurs du sultan, je la jetai à la tête des deux voleurs dans l'intention de les effrayer et de les forcer à la retraite. En effet, je réussis à dégager la pauvre abeille; seulement, par le mouvement trop vif et mal calculé de mon bras, j'avais lancé ma petite hache en l'air si haut et si loin, qu'elle tomba dans la lune. Bon conseil eût été chose bien venue en ce moment critique. Car comment ravoir ma hachette? Où trouver une échelle pour la rechercher dans la lune?

Une heureuse idée me vint tout à coup à l'esprit: je me rappelai que les fèves turques ont une puissance de végétation telle qu'elles croissent à vue d'œil et s'élèvent à une hauteur prodigieuse. Je plantai donc à l'instant même une de ces fèves, qui germa et sortit de terre aussitôt, poussant, poussant toujours, de sorte que, trois ou quatre heures après, elle tortilla ses vrilles autour d'une des cornes du croissant de la lune. Mon échelle ainsi préparée, je me mis à grimper bravement vers la lune, où j'arrivai sans encombre. Ce ne fut pas, je vous le jure, sans peine que je trouvai ma hachette dans ce lieu où tout brille comme de l'argent. Cependant mes recherches actives parvinrent à la découvrir sur un tas de paille où elle était tombée.

Alors je songeai retourner sur mes pas. Mais, ô malheur! la chaleur du soleil, qui s'était levé, avait tellement desséché la tige de la fève, qu'il me fut impossible de redescendre par la même voie, car je devais m'attendre à la voir se casser dans mes mains, et j'eusse incontestablement fait une chute où mon humble individu eût couru le plus grand péril. Or, que faire en cette difficile occurrence? Je me mis donc à tresser une corde de paille aussi longue qu'il me fut possible de la faire. J'en attachai un bout à la corne inférieure de la lune et me laissai glisser tout le long du reste de mon câble. Je m'y tenais par la main droite, ayant ma hachette dans la main gauche. A mesure que je descendais, je coupais avec mon arme le bout supérieur de la corde que je renouais aussitôt au bas de la partie que je parcourais. Je voyageai ainsi, coupant toujours et renouant toujours, jusqu'à ce qu'enfin je reconnusse au-dessous de moi la campagne du sultan.

Je pouvais encore me trouver à la hauteur d'environ deux lieues dans les nuages, quand tout à coup la corde se rompit, et je tombai si rudement à terre que j'en fus complétement étourdi. Messieurs, cette chute fut telle que le poids de mon corps, multiplié par la hauteur où j'étais, fit dans la terre un trou d'au moins neuf toises de profondeur. Je fus longtemps à revenir à moi-même, mais je finis par reprendre mes sens. Alors il me fallut songer à me retirer de la fosse où j'étais enseveli. Heureusement j'avais des ongles qui n'avaient pas été coupés depuis quarante ans. Ils me servirent à pratiquer des marches en forme d'escalier rustique, lesquelles m'aidèrent à remonter sain et sauf et à reparaître au jour.

## XXVII

### Du singulier tour que le baron de Munchhausen joua à deux ours.

Rendu plus sage par cette pénible épreuve, car, vous le savez, l'expérience est mère de la science, j'imaginai un meilleur moyen de me délivrer des ours qui assiégeaient sans cesse les abeilles et les ruches confiées à ma garde. Je frottai donc de miel le timon d'un chariot de moisson et me plaçai en embuscade non loin de là pendant la nuit. Ce que j'avais prévu ne manqua pas d'arriver. Un ours monstrueux, attiré par le parfum du miel, arriva et se mit à lécher si gloutonnement le bout du timon, que, l'ayant pris dans sa gueule énorme, il l'avala et se le passa à travers la gorge, l'estomac et les entrailles, léchant toujours et poussant toujours plus avant. Quand je le vis entièrement embroché, j'accourus et enfonçai un gros pieu dans le croc du timon, pour empêcher la retraite du brigand nocturne, que je laissai, pris ainsi, se débattre jusqu'au retour du jour. Ce trait subtil égaya grandement le sultan, qui, se promenant le matin près de cet endroit pour faire une visite à ses abeilles, faillit mourir à force de rire du tour que j'avais joué à l'ours.

Page 72.

# XXVIII

## Comment le baron de Munchhausen sortit de captivité et rentra en Allemagne.

Peu de temps après cette aventure, les Russes conclurent la paix avec les Turcs, et je fus renvoyé à Saint-Pétersbourg avec un grand nombre d'autres prisonniers de guerre. Mais je ne tardai pas à demander mon congé et à me retirer du service. Je quittai aussitôt la Russie. Ce fut vers l'époque de la grande révolution qui eut lieu il y a environ quarante ans, et qui eut pour résultat de faire envoyer en Sibérie l'empereur au berceau avec sa mère, son aïeul maternel, le duc de Brunswick, le feld-maréchal de Munnich et beaucoup d'autres. Il y eut à cette époque l'hiver le plus rude qu'on eût vu en Europe. Le soleil lui-même, dit-on, en reçut au visage des engelures, qui jusqu'à ce jour n'ont pu être entièrement guéries, et ont produit les taches que les astronomes observent sur sa face. Aussi, la rigueur extraordinaire de la saison m'incommoda infiniment plus à mon retour qu'elle n'avait fait à mon arrivée dans ce pays âpre et glacé.

## XXIX

### Comment le baron de Munchhausen porta une voiture et quatre chevaux.

Il me fallut voyager en poste, mon lithuanien étant resté en Turquie. Il arriva un jour que nous nous trouvâmes engagés dans un chemin creux, bordé de chaque côté de berges à pic couronnées de hauts buissons d'épine. Le postillon avait oublié de donner avec son cor le signal usité, afin d'avertir de notre entrée dans ce passage les voitures qui pourraient venir du côté opposé, et d'éviter ainsi une rencontre qui nous eût singulièrement embarrassés. Le drôle s'aperçut un peu tard de cet oubli et souffla dans le cor de toute la force de ses poumons, au moment où nous nous trouvions au milieu de cette gorge. Mais il eut beau faire, pas un son ne sortait de l'instrument. Cela nous parut étrange et inexplicable. Et ce fut aussi pour nous la cause d'un incroyable embarras. Car nous vîmes aussitôt s'avancer vers nous une voiture qui venait de l'autre côté du chemin. Il était impossible d'aller en avant, impossible de reculer. Nous étions pris comme dans un piége.

— Il faut pourtant que nous sortions de ce pas, dis-je à mes compagnons.

Et, sans faire ni un ni deux, je sautai à bas de notre voiture et dételai aussitôt les chevaux.

— Qu'allez-vous faire? me demanda-t-on.

— Vous allez voir, répondis-je.

Alors je pris résolûment sur mes épaules la voiture avec ses quatre roues et tout le bagage dont elle était chargée ; et, après avoir gravi la berge qui n'avait pas moins de neuf pieds de haut, je franchis les buissons et transportai, par le champ voisin, la patache en arrière de la voiture qui nous obstruait le passage. Cela fait, je retournai sur mes pas, pris un de nos chevaux sous chacun de mes bras, et, en deux voyages, je tirai les miens de ce pas difficile dont aucune force humaine, autre que la mienne, n'eût pu nous délivrer. Nous n'eûmes plus qu'à atteler et nous atteignîmes sans autre encombre la station de poste la plus voisine.

J'ai oublié d'ajouter que l'un des chevaux, qui était très-fougueux et qui n'avait que quatre ans, faillit me causer quelque difficulté. Au moment où je franchissais pour la seconde fois la haie, en le tenant sous mon bras, il se mit à jouer si vivement des jambes et à ruer avec tant de force, que j'eus p'abord de la peine à le retenir. Mais je l'empêchai bientôt de continuer le train qu'il menait, en fourrant ses deux pattes de derrière dans la poche de mon habit. Ainsi je réussis à le transporter sans qu'il lui fût possible de bouger davantage.

Quand nous fûmes arrivés dans l'auberge, nous

nous remîmes, devant un bon feu et devant une bonne table, des fatigues de cette aventure. Le postillon accrocha son cor à un clou enfoncé dans le mur sous le manteau de la cheminée, et s'assit vis-à-vis de moi.

# XXX

## Comment le cor enrhumé se mit à chanter de lui-même.

Or, écoutez, messieurs, la singulière histoire qui nous arriva presque aussitôt. A peine avions-nous pris place devant ce généreux et réjouissant foyer, que le cor se mit à jouer et à chanter de lui-même à nous étourdir : *Tarata tata, tara!* Nous ouvrîmes les yeux tout larges, nous émerveillant de cette curieuse musique. Et l'instrument sonnait toujours de plus belle. Je compris aussitôt pourquoi le postillon n'avait pu réussir à en tirer le moindre son. En effet, les notes y étaient gelées, grâce au froid ; et, maintenant, près de ce bon feu, elles se dégelaient et se produisaient au grand honneur et à la grande joie de notre conducteur. Car elles chantaient, dans les modulations les plus belles et les plus riches, plusieurs airs que nous connaissions tous. D'abord, nous entendîmes la marche nationale prussienne. Ensuite, vint notre chanson favorite :

Sans amour et sans vin,
Mes amis, notre vie
Est un désert sans fin.

Ce fut une kyrielle musicale des plus choisies et qui se termina par une romance sentimentale qui faisait toujours faire la grimace au grand Frédéric :

Les rayons de vos beaux yeux
Ont fondu mon cœur de glace.

Cette aventure termina mes voyages en Russie.

Beaucoup de voyageurs ont l'habitude de mentir

et de raconter des choses qui, examinées de près, n'ont pas même la couleur de la vraisemblance. Aussi il n'est pas étonnant que parfois le lecteur ou l'auditeur soit un peu enclin à se défier de ce qu'on lui raconte. Toutefois si, dans cette honorable société, il se trouvait quelqu'un qui fût porté à mettre en doute la véracité de mes paroles, je serais grandement peiné de son incrédulité et je le prierais de se retirer, avant que je commence le récit de mes aventures sur mer, qui sont peut-être plus surprenantes encore, bien qu'elles ne soient pas d'une authenticité moins réelle.

---

# AVENTURES

DU

# BARON DE MUNCHHAUSEN

## SUR MER.

## Première Aventure sur mer.

Peu de temps avant mon voyage en Russie, dont je viens de vous raconter quelques traits mémorables, je fis un voyage sur mer.

Ce fut le premier que j'eusse entrepris de ma vie.

Comme mon oncle le major, la plus fière moustache de hussard que j'aie jamais vue, avait l'habitude de me le corner sans cesse à l'oreille, je n'étais pas encore en procès avec les oies, et l'on tenait encore pour indécise la question de savoir si les pousses de lin qui me revêtaient le menton annonçaient une apparence de duvet ou de barbe, quand déjà l'idée de voyager était mon unique poésie et l'unique espérance de mon cœur.

Mon père ayant en grande partie passé à voyager les premières années de sa vie, et ayant consacré le reste de son existence au récit véridique et sincère de ses aventures pendant les longues soirées d'hiver, on peut à juste titre regarder le goût des voyages et des histoires comme m'étant inné plutôt qu'inspiré par l'exemple de mon père. Aussi je saisis toutes les occasions qui se présentaient ou qui ne se présentaient pas pour satisfaire l'invincible désir que j'avais de voir le monde. Mais tous mes efforts, toutes mes prières furent inutiles.

Si ma persévérance et mon courage réussissaient

parfois à faire une petite brèche dans l'obstination de mon père, ma mère et ma tante n'en résistaient que plus âprement à mes vœux, et en quelques minutes je perdais par les attaques les mieux combinées le terrain que j'avais si laborieusement gagné.

Enfin, il arriva un jour qu'un de mes parents maternels vint nous faire visite. Je n'eus pas de peine à gagner bientôt son amitié. Il me disait souvent que j'étais un joyeux et gentil garçon, et qu'il ferait tout ce qu'il lui serait possible de faire pour m'aider à l'accomplissement d'un désir qui me tenait si profondément au cœur. Son éloquence fut plus active et plus heureuse que la mienne ; et, après une série de représentations et de répliques, d'objections et de réfutations, il fut enfin résolu, à ma joie inexprimable, que je l'accompagnerais dans un voyage à Ceylan où son oncle avait été gouverneur pendant plusieurs années.

Nous mîmes à la voile à Amsterdam, chargés de commissions fort importantes par leurs Hautes Puissances les États-Généraux de Hollande. Notre voyage ne fut signalé par aucun événement important, si ce n'est par une tempête extraordinaire dont nous fûmes assaillis. Je rappelle ici, en passant, cette tempête, à cause des suites étranges qu'elle eut. Elle éclata précisément au moment où nous nous trouvions à l'ancre devant une île, pour nous approvisionner d'eau et de bois, et régna avec tant de fureur, qu'un grand nombre d'arbres d'une épaisseur et d'une taille démesurées furent déracinés et enlevés par la violence du vent. Bien que plusieurs de ces arbres pesassent quelques centaines de quintaux, ils ne paraissaient, à la hauteur prodigieuse où ils volaient, — car ils se trouvaient au moins à cinq lieues au-dessus de la terre, — pas plus grands que ces petites plumettes d'oiseaux qu'on voit parfois emportées dans l'air au printemps.

Cependant aussitôt que l'ouragan se fut calmé, chacun des arbres descendit tout droit à sa place dans sa position verticale et reprit racine aussitôt, de sorte qu'il ne resta pas la moindre trace de destruction. Il n'y en eut qu'un seul qui fît exception. Précisément au moment où celui-là fut arraché du sol par la force de la tempête, un homme et sa femme étaient perchés sur les branches et cueillaient des concombres; car, dans cette partie du monde, ce fruit croît sur des arbres. L'honnête

couple fit aussi patiemment que le bélier de Blanchard le voyage aérien; mais, à cause de leur poids, ils firent pencher l'arbre d'un côté, de sorte que.

déviant de sa position première, il tomba horizontalement à terre. Or le très-gracieux cacique de l'île avait, ainsi que la plupart des habitants, abandonné son palais durant cette furieuse tempête, de peur d'être enseveli sous les ruines de sa demeure. La fatalité voulut que, l'ouragan fini, le pauvre homme eut l'intention de s'en retourner par son jardin, quand l'arbre tomba comme la foudre et le tua par bonheur à l'instant même.

— Par bonheur, dites-vous?

— Oui, oui, par bonheur, messieurs. Car le cacique, permettez-moi de vous le dire, était le plus abominable tyran, et les habitants de l'île, sans même en excepter ses favoris et ses maîtresses, étaient les créatures les plus malheureuses qu'il y eût sous le soleil. L'abondance régnait chez lui, les approvisionnements pourrissaient dans ses greniers et dans ses magasins, tandis que ses sujets, qu'il dépouillait par mille exactions, mouraient de faim et de misère.

Son île n'avait à craindre aucun ennemi du dehors. Cependant il mettait la main sur tous les jeunes gens; il les transformait lui-même en héros en leur administrant de bonnes volées de coups de bâton, et en vendait de temps en temps quelque collection au plus offrant des princes voisins, pour ajouter de nouveaux millions aux millions de coquillages dont il avait hérité de son père. On nous raconta qu'il avait rapporté ces principes inouïs des tournées qu'il avait faites dans le Nord, assertion que, malgré notre esprit de patriotisme, nous ne pûmes nous résoudre à réfuter, parce que chez ces insulaires un voyage dans le Nord peut aussi bien signifier une excursion aux îles Canaries qu'une promenade au Groenland, et que nous avions plusieurs motifs pour ne pas désirer une explication plus précise à ce sujet.

En reconnaissance de l'immense service rendu, quoique par hasard, à ses compatriotes, par le couple occupé à cueillir des concombres, cet homme et cette femme furent, aussitôt après la mort du tyran, placés sur le trône. Je ne dois pas oublier de vous dire que ces bonnes gens, dans leur voyage aérien, avaient vu de si près le soleil qu'ils y perdirent la vue et, en outre, une partie de leur intelligence. Mais ce ne fut qu'un titre de plus à la royauté et ils n'en furent que plus aptes à rendre leurs sujets heureux, ce qu'ils firent au point que jamais on ne mangeait un concombre, sans dire en forme de bénédiction :

— Que Dieu garde le cacique !

Après que nous eûmes réparé les avaries que notre navire avait subies dans cette tempête et que nous eûmes pris congé du nouveau souverain et de son épouse, nous mîmes à la voile par un vent assez favorable et arrivâmes heureusement à Ceylan, après six semaines de navigation.

## XXXI

### Comment le baron de Munchhausen se tira des griffes d'un lion et de la gueule d'un crocodile.

Quinze jours environ pouvaient s'être écoulés depuis notre arrivée en cette île, quand le fils aîné du gouverneur me proposa une partie de chasse que j'acceptai avec le plus grand plaisir. Mon ami était un homme grand et robuste, et parfaitement habitué à l'ardente chaleur de ce climat. Mais, au bout de fort peu de temps et après ne m'être donné que peu de mouvement, je m'en trouvai tellement affaibli que, lorsque nous fûmes arrivés dans la forêt, je traînai déjà la jambe et restai fort en arrière.

Je me disposais à m'asseoir, pour me reposer quelques instants, sur le bord d'un fleuve admirable, dont les rives pittoresques avaient depuis longtemps attiré mon attention, quand j'entendis tout à coup un bruit sur le chemin par où j'étais venu. Je retournai la tête aussitôt et demeurai pétrifié de terreur en apercevant un énorme lion qui venait droit à moi et me montrait, par des signes manifestes et irrécusables, qu'il avait l'intention gracieuse de faire de mon pauvre individu son déjeuner, sans même daigner m'en demander la permission préalable. Ma position était plus que précaire. J'étais croqué à belles dents; rien ne me paraissait plus certain. Car mon fusil n'était tout simplement chargé que de petit plomb. Je n'avais ni le temps ni la présence d'esprit de songer longuement aux moyens de me tirer de ce pas dangereux. Une prompte résolution était nécessaire. Je fis donc feu aussitôt sur le lion, dans l'espoir de l'effrayer, et peut-être de le blesser. Malheureusement, dans le trouble qui m'avait saisi, je n'attendis pas que l'animal se trouvât à ma portée avant de lâcher mon coup. Je le manquai net. Aussi, devenu furieux, il se jeta sur moi en rugissant à faire trembler la forêt. Plutôt par instinct que par un calcul rationnel, j'essayai une chose impossible, — la fuite. Je me mis à courir de toutes mes forces. Mais j'eus à peine fait quelques pas, que je me vis tout à coup, — à ce souvenir terrible, je sens encore un frisson me courir de la tête aux pieds, — je me vis tout à coup devant un monstrueux crocodile qui ouvrait déjà sa gueule immense pour me recevoir et me dévorer.

Représentez-vous, messieurs, l'horrible position où je me trouvais, l'épouvantable dilemme au milieu duquel j'étais placé. Derrière moi le lion, devant moi le crocodile, à ma gauche un fleuve profond, à ma droite un abîme où séjournaient, comme je l'appris plus tard, des serpents venimeux.

Je perdis la tête — Hercule lui-même l'eût perdue dans une position aussi critique, — et je tombai étourdi sur le sol. La seule pensée dont mon âme gardât encore la conscience, c'était l'attente terrible du moment où je serais englouti dans la gueule béante du crocodile ou déchiré par les dents et les ongles du lion. Hors cela, je ne voyais, je n'entendais, je ne concevais plus rien. Mais soudain mon oreille fut frappée par un cri déchirant et étrange. Je soulevai machinalement la tête, et, — le croiriez-vous, messieurs? — je vis avec une joie indicible que le lion, dans la vivacité du bond avec lequel il s'était élancé pour me saisir, avait passé par-dessus mon corps au moment où j'étais tombé, et avait donné de la tête juste dans la gueule du crocodile. Son élan avait été si fort que sa tête se trouva engagée jusque dans le gosier du monstre. Et les deux animaux luttaient de toutes leurs forces pour parvenir à se dégager. En ce moment propice je me relevai aussitôt, et, ayant tiré mon coutelas, je coupai le cou du lion, de sorte que le corps tomba tout palpitant à mes pieds. Cela fait, j'enfonçai avec la crosse de mon fusil la tête aussi avant que je pus dans la gorge du crocodile qui fut aussitôt misérablement étouffé.

Peu de minutes après que j'eus remporté cette victoire éclatante sur ces ennemis redoutables, mon ami revint sur ses pas pour s'enquérir du motif de mon retard.

Nous nous félicitâmes mutuellement de l'acte inouï que je venais d'accomplir, et nous nous mîmes à mesurer le crocodile. Il avait exactement quarante pieds et sept pouces de longueur.

## XXXII

### Ce que le baron de Munchhausen fit du lion et du crocodile.

Aussitôt que nous eûmes donné connaissance au gouverneur de cette aventure extraordinaire, il envoya un chariot avec un bon nombre de gens et fit ramener les deux animaux chez lui. Un pelletier de la capitale fut chargé de faire de la peau du lion un certain nombre de blagues, dont je fis cadeau à plusieurs de mes connaissances à Ceylan, et dont je gardai quelques-unes que j'offris, quand nous fûmes revenus en Hollande, aux bourgmestres d'Amsterdam, lesquels voulurent en retour me faire présent d'un cadeau de mille ducats que j'eus toute la peine du monde à refuser.

La peau du crocodile fut empaillée à la manière ordinaire, et forme une des curiosités les plus remarquables du musée d'Amsterdam, dont le conservateur raconte mon histoire à tous ceux qui viennent visiter cette précieuse collection. Son récit n'est peut-être pas de l'exactitude la plus rigoureuse, et le conteur a coutume d'y ajouter plusieurs détails de sa façon, dont quelques-uns blessent au plus haut degré la vérité et la vraisemblance. Ainsi, par exemple, il a l'effronterie de dire que le lion a sauté au travers du crocodile, et qu'au moment où il se disposait à sortir par derrière, monsieur l'illustre et immortel baron (comme il a l'habitude de me nommer dans l'enthousiasme de son admiration) lui coupa aussitôt la tête et trancha en même temps la queue du crocodile à trois pieds de longueur. Le crocodile, ajoute le drôle, ne resta point insensible à la perte de sa queue ; il se retourna, arracha le coutelas des mains du baron et l'avala avec tant de fureur qu'il se le fit passer droit au travers du cœur et mourut à l'instant même.

Je n'ai pas besoin de vous dire, messieurs, combien m'est désagréable l'impudence de ce coquin. Dans les temps de scepticisme où nous vivons, les gens qui ne me connaissent pas, pourraient être autorisés, par ces mensonges palpables, à révoquer en doute la vérité même de mes aventures réelles et authentiquement connues, ce qui lèse et offense gravement le caractère d'un homme d'honneur.

## XXXIII

### Comment le cocher du roi d'Angleterre faisait de la calligraphie avec un fouet.

---

En l'an 1776, je m'embarquai à Portsmouth pour l'Amérique, sur un vaisseau de guerre anglais de premier rang et pourvu de cent bouches à feu et de quatorze cents hommes d'équipage. Je pourrais, il est vrai, vous raconter ici toutes sortes d'aventures que j'eus en Angleterre. Mais, comme nous voici embarqués, je vous en réserve le récit pour une autre fois. Cependant je tiens à vous communiquer ici, en forme de parenthèse, une chose singulièrement étrange dont je fus un jour témoin. J'eus l'honneur de voir le roi se rendre en grande pompe au parlement dans son carrosse de cérémonie. Le cocher portait la barbe la plus respectable que j'aie vue de ma vie, car les armes d'Angleterre s'y trouvaient découpées avec une exactitude et une pureté vraiment artistiques. Il était gravement assis sur son siége, et, en agitant son fouet, il décrivait visiblement dans l'air le chiffre du roi, un G et un R, surmontés d'une couronne royale, et si habilement entrelacés que le meilleur calligraphe eût eu de la peine à faire mieux.

## XXXIV

### Comment le navire du baron de Munchhausen se heurta contre une baleine.

---

Pendant notre traversée, il ne nous arriva rien qui mérite votre attention, ni, par conséquent, que je vous en parle. Cependant, quand nous nous trouvâmes à environ trois cents lieues du fleuve Saint-Laurent, il nous survint un événement extraordinaire. Car notre vaisseau se heurta avec une violence extrême contre une sorte de banc que nous prîmes d'abord pour un rocher à fleur d'eau. Pourtant, quand nous laissâmes descendre la sonde, nous ne pûmes trouver le fond de la mer, même à cinq cents toises de profondeur. Ce qui rendait cet événement plus extraordinaire encore et presque incompréhensible, c'est que, dans le choc nous perdîmes notre gouvernail, que notre beaupré se cassa en deux, que tous nos mâts se fendirent de haut en bas et que même deux se rompirent et tombèrent avec un terrible fracas. Un pauvre diable de matelot, qui était précisément occupé dans les agrès à serrer la grande voile, fut emporté dans l'air à la distance d'au moins trois lieues avant qu'il tombât dans la mer. Il ne fut sauvé que par un miracle de présence d'esprit; car, tandis qu'il volait dans l'air, il saisit la queue d'une grue sauvage qui cinglait à côté de lui et qui, non-seulement l'empêcha de tomber de toute cette hauteur dans l'eau, mais encore lui fournit l'occasion de nager après elle en se tenant à son cou jusqu'à ce qu'il eût atteint notre bord.

Ce choc épouvantable eut un autre effet encore, celui de nous imprimer un mouvement tel que tous les hommes qui se trouvaient dans l'entrepont furent lancés la tête contre le tillac. La mienne fut, du coup, enfoncée jusque dans mon estomac, et il se passa plusieurs mois avant qu'elle eût repris sa place naturelle. Nous nous trouvions encore tous dans un état de stupeur et dans un trouble difficile à dépeindre, quand aussitôt l'événement s'expliqua par la soudaine apparition d'une immense baleine qui s'était endormie au soleil en se laissant bercer à la surface de l'Océan. Le monstre fut si mécontent d'avoir été troublé dans son sommeil par notre navire, qu'il se mit à porter autour de lui des coups de queue terribles ; il brisa la galerie et le lof du bâtiment, prit en même temps entre ses dents notre ancre maîtresse qui se trouvait, selon l'usage, suspendue au haut du gouvernail, et entraîna le bâtiment à plus de soixante lieues de là en faisant au moins six lieues à l'heure.

Dieu sait où nous eussions été emportés, si heureusement le câble de l'ancre ne s'était rompu. Par cet accident propice la baleine perdit notre navire et nous perdîmes notre ancre.

## XXXV

### Comment le baron de Munchhausen retrouva la baleine six mois après.

---

Six mois après cet événement, comme nous retournions en Europe, nous rencontrâmes la même baleine à quelques lieues de l'endroit où nous l'avions aperçue d'abord. Elle flottait morte sur l'eau, et se développait sur une longueur d'une demilieue au moins. Nous ne pouvions charger à bord qu'une petite partie de ce monstrueux animal. Nos chaloupes furent mises en mer et nous lui coupâmes avec grand' peine la tête que nous hissâmes dans notre navire. Après l'avoir dépecée, nous retrouvâmes, à notre grande joie, non-seulement notre ancre, mais encore plus de quarante toises de câble que nous tirâmes d'une dent creuse qui était plantée dans la partie gauche de la mâchoire inférieure. Ce fut là l'unique circonstance particulière que présenta notre navigation au retour.

Mais attendez. J'allais presque oublier de vous rapporter une fatalité qui faillit nous frapper, à savoir que, dans notre premier voyage, au moment où la baleine nous entraînait, notre navire, à cause du choc qu'il reçut, obtint une voie d'eau qui nous mit dans le plus grand péril. L'eau entrait avec tant de violence que l'effort de toutes nos pompes n'eût pu nous tenir à flot pendant une demi-heure. Par bonheur, je fus le premier à m'apercevoir de ce terrible accident. Il y avait dans le bâtiment un trou d'environ un pied de diamètre. J'essayai de toutes les manières à trouver un moyen de le boucher; mais toutes mes peines furent inutiles. Enfin je parvins à sauver ce brave trois-ponts et le nombreux équipage qui le montait, par la plus heureuse idée du monde. Après avoir mesuré la grandeur du trou, je m'assis intrépidement dessus, sans même me débarrasser préalablement de mes chausses. J'eusse réussi à le boucher, quand même il eût été beaucoup plus grand. Vous ne vous étonnerez pas de cela, messieurs, quand je vous dirai que je descends en ligne paternelle et en ligne maternelle d'une famille hollandaise, ou au moins westphalienne. La situation où je me trouvai pendant tout le temps que je passai assis sur cette fuite dangereuse, n'était ni agréable, ni sèche, je vous assure, mais j'en fus bientôt délivré par la science de notre charpentier qui ne tarda pas à survenir.

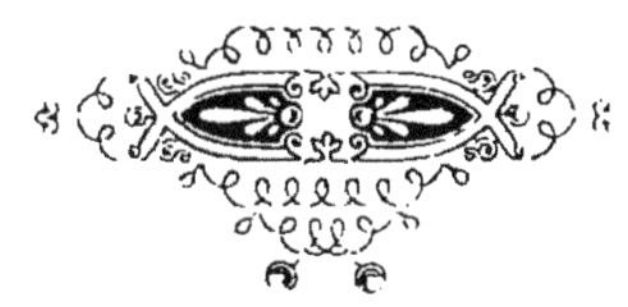

Troisième Aventure sur mer.

# XXXVI

## Comment le baron de Munchhausen fut avalé par un poisson.

---

Un jour je fus en grand danger de périr dans la Méditerranée. Je me baignais dans cette mer superbe, par une belle après-dînée d'été, non loin de la ville de Marseille, quand je vis tout à coup se diriger vers moi, avec la plus grande vitesse, un énorme poisson qui avait déjà la gueule ouverte pour me dévorer. Il n'y avait pas une seconde à perdre pour ne pas être englouti, et il m'était entièrement impossible de me sauver. Je pris donc une prompte résolution, et me fis si petit, en enfonçant ma tête entre mes épaules et en serrant étroitement mes jambes et mes bras contre mon corps, que je parvins à me glisser entre les mâchoires du poisson et à descendre droit dans son estomac avant d'avoir été le moins du monde entamé. Là je passai, comme on peut facilement se l'imaginer, quelque temps dans une obscurité complète, mais dans une chaleur qui était loin de m'être agréable. Cette situation aurait été loin de paraître riante à tout autre qu'à un homme aussi fertile en expédients et d'un aussi grand sang-froid que je le suis. Aussi, j'eus bientôt pris mon parti. Je résolus de causer un vomissement à mon hôte, et me mis aussitôt à danser, à m'agiter, à me démener comme un furieux dans l'espace assez large où je me trouvais enfermé.

—

# XXXVII

## Comment le baron de Munchhausen fut délivré de cette position fâcheuse.

—

L'animal commença à s'agiter à son tour. Rien ne l'incommodait autant que le mouvement rapide et incessant de mes pieds qui battaient les plus beaux entrechats du monde et exécutaient des valses et des écossaises furibondes. Il se mit à crier d'une manière formidable et se dressa tout droit en se soulevant à demi hors de l'eau. L'équipage d'un bâtiment de commerce italien, qui sortait précisément du port, s'arrêta aussitôt pour considérer ce spectacle étrange et inouï. Il s'arma de crocs et de harpons et attaqua le poisson, qui en peu de minutes fut frappé de mort. Quand on l'eut amené au rivage, j'entendis distinctement les hommes se concerter sur les moyens de le depecer afin d'obtenir la plus grande quantité d'huile possible. Comme je comprenais parfaitement l'italien, j'entrai dans une grande frayeur, craignant que leurs couteaux et leurs haches ne me dépeçassent en compagnie avec l'animal. C'est pourquoi je me plaçai autant que possible au centre de l'estomac, où il y avait de la place assez pour contenir une demi-douzaine de gaillards comme moi. Car je pensai bien qu'ils commenceraient par entamer les extrémités. Cependant ma crainte se dissipa bientôt, en m'apercevant qu'ils se mettaient à ouvrir le ventre d'abord. Aussi, dès que je vis poindre un peu de lumière, je me mis à leur crier de toute la force de mes poumons combien il m'était agréable de voir ces messieurs et d'être délivré par eux d'une position où je n'eusse pas tardé à étouffer comme dans un véritable four.

Il m'est impossible de vous décrire l'étonnement qui se peignit sur toutes les figures au moment où cette voix humaine se fit entendre dans les entrailles du poisson. Cet étonnement fut naturellement plus grand encore quand ils en virent sortir un homme vivant et nu comme notre premier père avant son péché damnable. Bref, messieurs, je leur racontai toute l'histoire telle que je viens de vous la dire, et ils s'en émerveillèrent tous à mort.

Après que j'eus pris quelques rafraîchissements et que je fus redescendu dans la mer pour me laver, je regagnai mes habits que je retrouvai sur le rivage tels que je les y avais laissés. Si je ne me trompe dans mon calcul, j'étais resté pendant environ trois quarts d'heure prisonnier dans l'estomac de ce monstre.

Quatrième Aventure sur mer.

# XXXVIII

## Comment le baron de Munchhausen fit la chasse à un ballon.

---

Lorsque j'étais encore au service de la Turquie, je m'amusai souvent à me promener dans un yacht de plaisance sur la mer de Marmara, d'où l'on jouit du coup d'œil le plus magnifique et le plus admirable; car de là vous voyez se déployer devant vous toute la ville de Constantinople, avec le sérail du grand sultan, avec les dômes et les minarets de ses mosquées, avec ses maisons si pittoresques. Un matin, comme je contemplais avec admiration la beauté et la sérénité de ce ciel oriental, je distinguai dans l'air une boule ronde et grosse à peu près comme une bille de billard. Cette boule voguait dans les nuages et quelque chose flottait au bas. Je pris, à l'instant même, le meilleur et le plus long de mes fusils de chasse, que je porte toujours avec moi, à moins que je ne sois forcé de le laisser à la maison; je le chargeai d'une balle et fis feu sur la boulevoyageuse; mais je ne l'atteignis pas. Je le chargeai alors de deux balles et fis feu de nouveau, mais sans obtenir un meilleur résultat. Ce ne fut qu'au troisième coup que je parvins à faire un trou dans la boule avec l'une des quatre ou cinq balles que j'avais coulées dans mon fusil. Alors elle descendit du haut des airs.

Représentez-vous l'étonnement qui me saisit quand je vis tomber du ciel, à deux toises de ma barque, un char doré qui pendait à un ballon monstrueux et plus gros que la plus grosse coupole de la ville. Dans le char se trouvaient un homme et un demi-mouton qui paraissait être rôti. Lorsque je fus un peu revenu de mon premier étonnement, je formai avec mes gens cercle autour de ce groupe étrange.

L'homme, qui avait l'air d'être et qui était réellement un Français, avait dans les poches de sa veste deux montres dont les breloques pendaient sur ses cuisses et étaient formées de médaillons représentant, si je ne me trompe, de grands seigneurs et grandes dames. Chacun des boutons de son habit ressemblait à une médaille d'or valant au moins cent ducats, et à chacun de ses doigts il portait une bague précieuse garnie de diamants. Ses poches étaient remplies de sacs d'or qui les faisaient descendre jusqu'à terre. Mon Dieu, pensai-je, cet homme doit avoir rendu des services extraordinairement importants à l'humanité, pour que ces grands seigneurs et ces grandes dames aient pu, malgré la ladrerie générale qui a envahi nos mœurs, le charger de tant de cadeaux; car toutes ces médailles paraissaient être réellement des cadeaux.

---

# XXXIX

## Histoire de l'Aéronaute.

Cependant il paraissait encore tellementétourdi de la chûte qu'il venait de faire, qu'il ne fut pas capable de proférer une parole. Peu de temps après, il se remit pourtant, et nous raconta ce qui suit :

— « Je n'eus pas, il est vrai, moi-même assez de tête ni assez de science pour imaginer cet équipage aérien. Mais je n'en éprouvai que mieux l'audace qu'il fallait pour le monter et pour faire à plusieurs reprises des voyages dans l'air. Il y a six ou sept jours, — je ne sais plus au juste combien, car je me suis embrouillé dans mon calcul, — je fis une ascension au cap de Cornouailles, en Angleterre, et pris avec moi un mouton, afin de le faire descendre, au moyen d'une corde, et d'égayer ainsi plusieurs milliers de curieux qui me regardaient en battant des mains. Par malheur, le vent tourna environ dix minutes après que j'eus quitté la terre, et, au lieu de me conduire à Exeter, où je comptais descendre, me poussa du côté de la mer au-dessus de laquelle j'ai flotté pendant long-temps à une hauteur prodigieuse.

« Je m'applaudis alors de n'avoir pu réussir à égayer la foule avec mon mouton ; car, le troisième jour, je me sentis tellement affamé que je me vis forcé d'abattre l'animal. Or, comme je me trouvais emporté dans l'éther bien au-dessus de la lune, et que, montant toujours, j'arrivai enfin si près du soleil qu'il me brûla les cils et les sourcils, je plaçai le mouton, après l'avoir préalablement écorché, à l'endroit où le soleil dardait avec le plus de force sur mon char, en d'autres termes à l'endroit où le ballon n'y projetait pas d'ombre. En trois quarts d'heure, la viande se trouva complétement rôtie et me donna de quoi me nourrir pendant tout le temps que j'ai passé en voyage. »

Ici l'homme fit silence et parut se livrer avec étonnement à la contemplation des objets qui l'entouraient. Quand je lui dis que l'édifice qui se trouvait en face de nous était le sérail du grand sultan à Constantinople, il parut singulièrement stupéfait en le trouvant tout autre qu'il ne se l'était imaginé.

« La cause de ma longue course, reprit-il enfin, doit être attribuée à la rupture d'une ficelle qui devait me servir à faire jouer une soupape destinée à laisser échapper le gaz dont le ballon était gonflé. Or, si vous n'aviez pas fait feu sur lui et que vous ne l'eussiez pas crevé, je serais infailliblement resté suspendu entre le ciel et la terre, ni plus ni moins que Mahomet.

Aussi, il me remercia cordialement et fit généreusement présent de son char au pilote qui était assis au gouvernail de mon yacht. Puis il jeta le reste du rôti de mouton dans la mer. Quant au ballon, il s'était entièrement déchiré dans la chûte que ma balle lui avait fait faire.

---

## Cinquième Aventure sur mer.

# XL

### Comment le baron de Munchhausen entra dans la diplomatie turque.

---

Comme nous avons encore le temps, messieurs, de vider une bonne bouteille de vin, je veux vous raconter une autre aventure fort extraordinaire qui m'arriva peu de mois avant mon dernier retour en Europe.

Le grand Seigneur, auquel j'avais été présenté par les ambassadeurs de France, d'Autriche et de Russie, m'employa à une mission de la plus haute importance au Caire, qui devait être remplie de manière à rester éternellement secrète.

## XLI

### Comment le baron de Munchhausen rencontra un courreur extraordinaire.

Je me mis en route par terre en grande pompe et avec une suite très-nombreuse. En chemin j'eus cependant l'occasion d'augmenter ma suite de plusieurs sujets fort utiles. Car, me trouvant à peine à quelques lieues de Constantinople, j'aperçus un petit homme, grêle et maigre, qui courait à travers champs avec une rapidité extraordinaire, bien qu'il portât à chacune de ses jambes un poids de plomb pesant au moins cinquante livres. Saisi d'étonnement à la vue de cette chose inexplicable, j'apostrophai l'homme et lui dis :

— Hé! l'ami, où donc courez-vous si vite? Et pourquoi entravez-vous encore votre marche par ces poids si lourds?

Il s'arrêta un moment.

— J'ai quitté Vienne, me répondit-il, il y a une heure à peine. J'y servais un grand seigneur, dont j'ai pris congé aujourd'hui. Je me rends à Constantinople où j'espère trouver du service. Par ces poids que j'ai attachés à mes pieds, j'ai voulu ralentir un peu la célérité de mes jambes, qui ne m'est plus aussi nécessaire maintenant que me voici près du but; car la modération fait la durée, comme disait feu mon précepteur.

Cet homme ne me convenait pas mal. Je lui demandai donc s'il voulait entrer à mon service, et il accepta aussitôt. Après cela, nous nous remîmes en route et traversâmes bien des villes et bien des pays.

## XLII

### Comment le baron de Munchhausen grossit sa suite de deux autres serviteurs merveilleux.

Un peu plus loin j'avisai, près du chemin que nous parcourions, un homme couché sur l'herbe, immobile et muet comme s'il eût été endormi. Cependant il ne dormait pas, car il avait les yeux bien ouverts. Seulement il tenait l'oreille collée contre terre et paraissait absorbé dans une attention profonde comme s'il écoutait le bruit que font les habitants des derniers abîmes de l'enfer.

— Hé! l'ami, lui dis-je, qu'est-ce donc que tu écoutes ainsi?

— Je m'amuse à écouter croître l'herbe, me répondit-il.

— Et tu peux entendre croître l'herbe?

— Oh! bagatelle que cela.

— En ce cas, mon ami, entre à mon service. Car qui sait à quoi de bonnes oreilles peuvent servir parfois?

Le drôle se releva aussitôt et me suivit.

Non loin de là se trouvait sur une colline un chasseur qui ajustait son fusil et qui le déchargeait dans l'air où vous n'eussiez pas aperçu le moindre petit moineau.

— Je vous souhaite une bonne chasse, mon ami, lui dis-je. Mais sur quoi tirez-vous? Je ne vois rien que l'air dans l'air.

— Je ne fais tout simplement qu'essayer ce fusil de nouvelle invention, répondit-il. Là-bas sur la flèche de la cathédrale de Strasbourg était perché un corbeau que je viens d'abattre.

Celui qui connaît ma passion pour les nobles plaisirs du tir et de la chasse, ne s'étonnera pas d'apprendre que je sautai aussitôt au cou de l'incomparable chasseur. Vous comprenez facilement que je n'épargnai rien pour le faire entrer à mon service.

## XLIII

### Comment le baron de Munchhausen s'attacha un homme plus fort qu'Hercule.

Nous allâmes plus loin et toujours plus loin. Enfin nous passâmes le mont Liban. Là nous trouvâmes, devant un grand bois de cèdres, un homme qui tirait de toutes ses forces à un câble qui embrassait le bois tout entier.

— Hé! l'ami, lui dis-je, que tirez-vous donc ainsi?

— Je dois abattre du bois de construction et j'ai oublié de me munir de ma cognée. Je cherche donc à me tirer d'affaire aussi bien que je puis.

En disant ces mots, il renversa d'un seul choc le bois tout entier, qui se développait sur une étendue d'un mille carré et qui tomba sous nos yeux comme une masse de roseaux. Vous devinez aisément ce que je fis. Je n'eusse pas laissé échapper ce robuste gaillard, m'eût-il demandé un traitement de ministre ou d'ambassadeur. Et vous savez ce que vaut un traitement comme celui-là.

## XLIV

### Comment le baron de Munchhausen prit à son service un homme qui, par son souffle, faisait tourner des moulins à vent.

Au moment où nous eûmes franchi la frontière d'Égypte, il s'éleva une tempête si effroyable que je craignais d'être renversé avec tout mon équipage, avec mes chevaux et ma suite, et d'être emporté dans les airs. Du côté droit du chemin que nous suivions, il y avait sept moulins à vent placés sur une ligne et qui tournaient avec une rapidité aussi grande que le rouet d'une fileuse pressée de finir son travail. Non loin de là, à droite, il y avait un homme d'une corpulence aussi puissante que celle de Gargantua. Il tenait fermée avec son doigt sa narine gauche. Aussitôt que le drôle s'aperçut de notre détresse et nous vit lutter avec tant d'efforts contre l'ouragan, il se tourna vers nous et ôta devant moi son chapeau avec autant de respect qu'un mousquetaire l'eût fait devant son colonel. A peine eut-il fait ce mouvement, que la tempête se trouva apaisée aussitôt, et que les moulins restèrent à l'instant immobiles. Étonné de ce fait qui ne me parut point naturel, je demandai au gros ventre :

— Qu'est-ce donc que cela, drôle? As-tu le diable au corps, ou es-tu le diable en personne?

— Pardonnez-moi, excellence, répliqua-t-il. Je ne fais que souffler un peu pour faire marcher les moulins à vent de mon maître le meunier. Et, vous l'avez vu, j'ai été forcé de tenir fermée une de mes narines pour ne pas renverser les moulins.

— Pardieu! voilà un admirable sujet, pensai-je en moi-même. Ce gaillard me servira merveilleusement quand je serai de retour à la maison et que je manquerai d'haleine pour raconter toutes les aventures merveilleuses qui me sont arrivées sur terre et sur mer.

Aussi nous fûmes bientôt d'accord. L'homme quitta ses moulins et me suivit.

Nous atteignîmes bientôt la ville du Caire, où j'accomplis selon mes désirs la mission dont j'étais chargé. Mes affaires ainsi terminées, je résolus de congédier toute ma suite diplomatique devenue inutile, et de retourner en simple particulier. Or, comme le temps était magnifique et que le Nil me parut plus pittoresque et plus beau que toutes les descriptions que j'en avais lues, il me prit fantaisie de louer une barque et de me rendre par eau à Alexandrie. Ce voyage fut le plus heureux et le plus agréable du monde jusqu'au troisième jour après notre départ.

---

# XLV

## Comment le baron de Munchhausen fit un voyage sur le Nil et fut surpris par un débordement de ce fleuve.

Vous avez, sans doute, messieurs, entendu parler souvent des débordements annuels du Nil. Le troisième jour, comme je viens de vous le dire, le fleuve commença à se gonfler outre mesure. Le jour suivant, les deux rives se trouvaient inondées à plusieurs lieues dans l'intérieur des terres. Le cinquième jour, après le coucher du soleil, mon bateau se trouva engagé dans quelque chose que je pris d'abord pour des roseaux ou des plantes aquatiques. Mais quand, le lendemain matin, le jour commença à me permettre d'y voir, je me trouvai entouré de toutes parts d'amandiers chargés de fruits parfaitement mûrs et excellents à manger. Nous fîmes descendre la sonde, et nous acquîmes la certitude que nous flottions à plus de soixante pieds au-dessus du fond, sans pouvoir avancer ni reculer. Vers huit ou neuf heures, pour autant que je pus m'en assurer par la hauteur du soleil, il s'éleva tout à coup des bouffées de vent qui firent brusquement chavirer notre embarcation. Elle se remplit d'eau et s'enfonça engloutie dans l'abîme.

Heureusement nous parvînmes à nous sauver tous, c'est-à-dire dix-huit hommes et deux enfants, en nous accrochant aux arbres dont les branches étaient assez fortes pour nous soutenir, mais ne suffisaient pas pour supporter notre bateau. Nous restâmes dans cette position pendant trois jours, n'ayant pour toute nourriture que les amandes que nous cueillions pour apaiser notre faim. L'eau ne nous manquait pas, comme on le conçoit aisément, pour étancher notre soif. Après cette fatalité de vingt-trois jours, l'eau baissa aussi rapidement qu'elle était montée, et le vingt-sixième nous pûmes mettre pied à terre. Le bateau fut le premier objet qui frappa notre vue, et nous nous réjouîmes grandement en le retrouvant. Il avait été emporté à environ deux cents toises de l'endroit où il s'était abîmé. Après que nous nous fûmes bien séchés au soleil et munis du nécessaire que nous fournissaient amplement les provisions dont notre bateau était rempli, nous cherchâmes à nous orienter et à retrouver notre route que nous avions perdue. D'après le calcul le plus exact, il se trouvait que nous avions dévié de plus de cent cinquante lieues et été entraînés au delà des maisons, des jardins et des bois. Après sept jours de marche forcée nous atteignîmes le fleuve qui coulait de nouveau dans son lit ordinaire, et nous racontâmes à un bey l'aventure qui nous était arrivée. Il nous accueillit avec la plus grande courtoisie, pourvut à tous nos besoins et nous envoya plus loin dans un de ses propres bateaux. Après huit jours de voyage, nous arrivâmes à Alexandrie, où nous nous embarquâmes pour Constantinople. Je fus reçu avec une distinction particulière par le grand Seigneur qui m'admit à l'honneur de voir son harem, où sa hautesse m'introduisit elle-même et eut la bonté de me laisser choisir autant de ses odalisques que je voulais, sans même excepter ses propres favorites.

Je n'aime pas à me vanter de mes aventures galantes, car il n'y a rien de plus détestable que d'être atteint du soupçon de fatuité. C'est pourquoi, messieurs, je vous souhaite à tous une bonne nuit.

## Sixième Aventure sur mer.

Après avoir raconté l'histoire de son voyage en Égypte, le baron de Munchhausen voulut plier bagage et aller se coucher, au moment même où l'attention un peu détendue de ses auditeurs se trouvait tout à coup remontée par une curiosité nouvelle, grâce au sérail du sultan. Ils eussent aimé entendre raconter quelque aventure du harem. Mais le baron ne voulut absolument pas y consentir; et, malgré toutes les prières dont on l'accablait, il leur dit :

— Rien de tout cela, messieurs; mais je veux encore vous dire quelques petites histoires relatives à mes merveilleux serviteurs.

Après cela, il continua en ces termes.

# XLVI

## Comment le sultan se prit d'une grande amitié pour le baron de Munchhausen.

Depuis mon voyage en Égypte, je faisais la pluie et le beau temps chez le Grand Seigneur. Sa Hautesse ne pouvait plus se passer de moi et m'invitait tous les jours à dîner et à souper dans son palais. Je dois vous le dire, messieurs, l'empereur de Turquie est de tous les potentats du monde celui qui fait la meilleure chère. Cependant cela ne doit s'entendre que du manger. Quant au boire, c'est une autre affaire ; car vous savez que la loi de Mahomet défend à ses sectaires l'usage du vin. Aux tables publiques en Turquie, il faut renoncer à boire un bon verre de vin. Cependant ce qui ne se pratique pas publiquement, se fait assez fréquemment en secret; et, malgré la défense du Coran, plus d'un Turc sait aussi bien que le meilleur prélat allemand quel est le goût d'un bon verre de jus de raisin. Et c'était là précisément le cas chez Sa Hautesse.

A ses petits dîners, auxquels assistait ordinairement *in partem salarii* le surintendant général de l'empire, c'est-à-dire le mufti, pour réciter, avant le repas, le *Benedicite*, et après, le *Gratias*, vous n'eussiez pas entendu souffler la moindre syllabe à l'endroit du vin. Mais, la table levée, Sa Hautesse et moi nous nous retirions dans son cabinet où nous attendait toujours un flacon du meilleur et du plus vieux.

## XLVII

### Comment le sultan fit goûter son vin de Tokai au baron de Munchhausen, malgré les prescriptions du Coran.

Un jour, le grand sultan me fit en secret un petit signe amical et je le suivis dans son cabinet. Quand nous nous y fûmes bien enfermés à double tour, il tira une bouteille d'une petite armoire destinée à cacher ses provisions.

— Munchhausen, me dit-il, je sais que vous autres chrétiens, vous vous connaissez en bons vins. J'ai ici un petit flacon de Tokai si délicat que je vous assure, par Mahomet, que vous n'en avez jamais goûté de pareil.

Sur cela, Sa Hautesse se mit à verser. Nous choquâmes nos verres et bûmes.

— Eh bien! reprit-il, que dites-vous de celui-là?

Avouez que voilà ce qu'on appelle du superfin.

— Ce vin est bon, Hautesse, lui répondis-je. Seulement qu'elle daigne me permettre de lui dire que j'en ai bu de bien meilleur encore à Vienne avec feu l'empereur Charles VI. Donnerwetter! Votre Hautesse devrait goûter de celui-là.

— Mon ami Munchhausen, répliqua-t-il, sans donner un démenti à vos paroles, il me semble qu'il est impossible de trouver de meilleur Tokai. Car j'ai reçu un jour cette seule petite bouteille d'un cavalier hongrois, et il me paraissait désespéré de s'en dessaisir.

— Pure plaisanterie, Seigneur. Entre du Tokai et du Tokai il y a une différence immense, il y a un monde. Messieurs les Hongrois, d'ailleurs, ne pèchent pas par trop de générosité. Je parie qu'en moins d'une heure je procure à Votre Hautesse une bouteille de vin de Tokai de la cave impériale de Vienne même, et qui lui fera comprendre la différence qu'il y a entre celui-ci et celui-là.

Le sultan me regarda avec de grands yeux et dit en riant de toutes ses forces :

— Munchhausen, je crois que vous devenez fou.

— Pas le moins du monde, Seigneur, répondis-je. Dans une heure je puis vous procurer une bouteille de vin de Tokai qui viendra directement de la cave impériale à Vienne et qui est d'un tout autre numéro que la piquette que nous venons de boire.

— Munchhausen! Munchhausen! je suppose que vous voulez vous moquer de moi, et cela ne me plairait qu'à demi. Cependant je sais que vous êtes un homme extraordinaire et dont on ne peut révoquer en doute la véracité. Mais, pour le coup, je suis tenté de croire que vous battez la campagne.

— Eh bien! Votre Hautesse accepte-t-elle la gageure? repris-je. Il ne s'agit que de me mettre à l'épreuve. Si je ne remplis pas mon engagement (et vous savez que je ne m'engage jamais à rien que je ne puisse accomplir), je consens à me laisser couper la tête. Et ma tête n'est pas une bagatelle. Ainsi, quel est l'enjeu que mettra Votre Hautesse?

— Tope! j'accepte, fit l'empereur. Il est près de trois heures; si à quatre heures précises la bouteille de vin de Tokai n'est pas ici, votre tête tombera sans miséricorde; car je n'ai pas l'habitude de me laisser jouer, même par mes meilleurs amis. Si elle est ici à cette heure, comme vous le promettez, vous pourrez prendre dans mon trésor autant d'or, d'argent, de perles et de joyaux que l'homme le plus fort en pourra porter.

— Voilà qui est noblement parlé, répliquai-je. La gageure est engagée.

## XLVIII

### Comment le baron de Munchhausen adressa un billet doux à la cave de l'impératrice d'Autriche.

Je demandai aussitôt une plume, du papier et de l'encre, et écrivis à l'impératrice la lettre suivante :

« Votre Majesté a sans doute, comme héritière « universelle de l'empire, hérité aussi de la cave de « feu son illustre père. Oserais-je me permettre de « la supplier de m'envoyer par le porteur de ce billet « une bouteille de vin de Tokai, de la qualité de celui « que j'ai si souvent bu avec feu Sa Majesté ? Tout « ce que je désire, c'est qu'il soit du meilleur ; car il « s'agit d'une gageure. Je saisirai avec joie l'occa- « sion de reconnaître cette bonté de Votre Majesté, « dont je suis avec le plus profond respect, etc.

« *Signé :* Baron DE MUNCHHAUSEN. »

Comme il était déjà trois heures cinq minutes, je donnai ce billet, sans prendre le temps de le cacheter, à mon coureur, qui détacha à l'instant même les poids dont ses pieds étaient chargés, et partit incontinent pour Vienne.

Après cela nous vidâmes, le grand sultan et moi, le reste de sa bouteille, en attendant celle que je devais fournir. Trois heures et un quart sonnèrent, puis trois heures et demie, et pas la moindre apparence du coureur. Je commençai à éprouver un peu d'inquiétude, car je remarquai que le Grand Seigneur ne cessait de regarder la pendule et s'avançait par moments vers le cordon de la sonnette pour appeler sans doute le bourreau. Je me sentis de plus en plus fouetté par l'idée que ma tête courait grand danger et qu'elle était destinée à y passer. Cependant, j'obtins la permission d'aller faire un tour dans le jardin pour prendre l'air et me remettre un peu, suivi de deux muets qui ne me quittaient pas des yeux. Je vous l'avoue, je me trouvais dans une situation fort critique ; mon inquiétude augmenta naturellement à mesure que le temps s'écoulait. Déjà le cadran marquait trois heures cinquante-cinq minutes. Les oreilles me bourdonnaient d'une manière étrange, et la tête me chancelait sur les épaules. Je demandai qu'on m'amenât mon écouteur et mon chasseur. Ils arrivèrent aussitôt. J'ordonnai au premier de se coucher à plate terre, pour écouter si mon coureur ne venait pas.

— N'entends-tu rien? lui demandai-je.

— Non, répondit-il. Je n'entends rien, si ce n'est le drôle qui ronfle assez loin d'ici.

Mon brave chasseur, qui avait entendu ces paroles, monta incontinent sur une des terrasses les plus élevées du jardin, et se mit à regarder au loin.

— Sur mon âme! exclama-t-il, je vois le paresseux qui dort là-bas sous un chêne, aux environs de Belgrade, et la bouteille repose à côté de lui. Attendez, je vais le chatouiller avec un peu de menu plomb, et au diable s'il ne se réveille pas.

## XLIX

### Comment le baron de Munchhausen sortit heureusement d'une situation désespérée.

Au même instant, il ajusta son fusil et envoya sa charge tout entière dans la couronne de l'arbre sous lequel le drôle était couché. Une pluie de glands, de menues branches et de feuilles tomba sur le dormeur, qui se réveilla aussitôt, et, craignant qu'il n'eût dormi trop longtemps, se mit à courir avec une rapidité telle, qu'il arriva au cabinet du sultan avec la bouteille de Tokai et une lettre autographe de Marie-Thérèse, une demi-minute avant quatre heures. Ce fut pour moi, comme vous le comprendrez aisément, une joie indicible. Celle du sultan ne fut pas moins grande. Car le gourmet dépêcha la moitié du Tokai avec une incroyable volupté.

— Munchhausen, me dit-il, ne m'en voulez pas si je garde cette bouteille pour moi seul. Vous avez plus de crédit à Vienne que je n'en ai, moi; et vous avez les moyens de vous dédommager, par d'autres flacons, de la part qui vous échappe aujourd'hui.

En disant ces mots, il enferma la bouteille à demi vide dans sa petite armoire, mit la clef dans sa poche, et sonna son trésorier. Messieurs, je vous assure que ce fut pour moi une musique délicieuse que le bruit de la sonnette.

— Il faut maintenant que je vous paye la gageure que vous avez gagnée, me dit Sa Hautesse après avoir tiré le cordon.

Puis au trésorier qui était entré :

— Écoute, dit le sultan : laisse mon ami Munchhausen choisir dans mon trésor tout ce qu'il voudra et autant que l'homme le plus fort pourra porter.

Le trésorier s'inclina le nez jusqu'à terre devant son maître, qui me serra familièrement la main et nous congédia tous deux.

## L

### Comment le baron de Munchhausen devint possesseur du trésor du sultan.

Je ne négligeai pas une seconde, comme vous pouvez bien vous imaginer, messieurs, pour faire mettre à exécution l'assignation que je venais d'obtenir. Je fis venir mon robuste gaillard qui avait déraciné d'un seul coup tout un bois d'un mille carré d'étendue. Il était muni d'une grosse corde de chanvre. Vous traîneriez difficilement, tous ensemble, la charge énorme qu'il emporta lui seul sur ses épaules. Je me rendis incontinent avec mon butin au port, où j'affrétai un navire que je fis aussitôt mettre à la voile, après y être entré avec tout mon domestique, afin de mettre mon trésor en sûreté avant qu'il me survînt quelque malencontre.

## LI

### Comment toute la flotte turque se mit à la poursuite du baron de Munchhausen et comment il y échappa.

Ce que j'avais redouté arriva en effet. Bien me prit d'avoir eu le nez fin; car le trésorier, voyant l'énorme charge que j'enlevais, avait laissé la porte de la tour du trésor ouverte (car la fermer eût été une précaution inutile, tout ayant disparu), et s'était rendu en toute hâte auprès du grand sultan pour lui expliquer de quelle façon j'avais mis à profit sa générosité. Sa Hautesse n'en fut pas médiocrement abasourdie; et elle ne tarda pas à se repentir d'avoir mis tant de précipitation dans l'exécution de sa promesse. Elle entra d'abord dans une grande colère et ordonna à son capitan-pacha de se mettre à ma poursuite avec la flotte tout entière et de me faire entendre qu'elle n'avait point parié avec moi. L'ordre donné fut exécuté aussitôt. Je me trouvais à peine à deux lieues de la côte, que je vis toute la flotte turque arriver à pleines voiles sur moi. Ma tête avait commencé à se rassurer sur mes épaules; mais, en ce moment, je sentis qu'elle était de nouveau singulièrement compromise. Il n'y avait plus à choisir; ma perte était certaine, car il était impossible que j'échappasse. Heureusement, j'avais auprès de moi mon souleveur de tempêtes.

— Ne craignez rien, monsieur le baron, me dit-il.

Nous allons donner du fil à retordre à ces gaillards là-bas.

Et il se posta sur l'arrière du bâtiment et se mit à souffler des deux narines sur la flotte ottomane avec une telle violence, qu'elle fut prise aussitôt comme dans un tourbillon, perdant ses mâts, ses voiles, ses agrès. Il parvint ainsi à la repousser, en peu de minutes, dans le port de Constantinople. Puis il se retourna et dirigea son souffle vers les voiles de notre propre navire, de sorte que nous atteignîmes en peu de temps les côtes d'Italie.

## LII

### Comment en Italie le baron de Munchhausen dépensa toutes ses richesses en aumônes forcées.

Cependant, si je fus sauvé ainsi de la colère du sultan, je ne parvins pas à mettre en sûreté mon trésor. Car l'Italie, quoi qu'en disent beaucoup de voyageurs, est un pays de mendiants et de vagabonds qui vous demandent assez fréquemment l'aumône l'escopette au poing. La police y est si mal tenue, que je fus forcé de me dépouiller moi-même de bonne grâce, de crainte d'être dépouillé par ces honnêtes mendiants. Ce qui me restait me fut pris par une bande de brigands aux environs de la sainte terre de Lorette. La conscience de ces drôles ne recula pas devant ce vol, car il y avait encore une somme plus grande qu'il ne fallait pour acheter à Rome, de première main, une absolution plénière pour eux et pour leurs descendants jusque dans la sixième génération.

Mais comme voici, messieurs, l'heure où j'ai l'habitude de me coucher, je vous souhaite la bonne nuit. Dormez bien.

## Septième Aventure sur mer.

### Histoire d'un partisan qui, en l'absence du baron de Munchhausen, porte lui-même la parole.

— —

Après l'aventure qui vient de vous être racontée, le baron ne resta pas davantage. Il se leva en effet et quitta la compagnie dans la meilleure humeur du monde. Cependant, il ne sortit pas sans avoir promis de raconter, à la première occasion favorable, les aventures de son père, que ses auditeurs désiraient vivement d'entendre, et plusieurs autres anecdotes remarquables.

Or, comme chacun dans la compagnie exprimait

son opinion sur les choses que le conteur venait de dire, un partisan du baron, qui l'avait accompagné en Turquie, prit la parole et raconta qu'il y avait non loin de Constantinople une pièce de canon si monstrueusement grande, que le baron de Tott l'a mentionnée particulièrement dans ses Mémoires. Il en parla à peu près en ces termes :

« Les Turcs avaient planté une énorme pièce de canon sur une citadelle placée non loin de la ville, au bord du célèbre fleuve le Simoïs. Cette pièce était coulée en bronze et portait un boulet de marbre pesant au moins onze cents livres. J'avais grand désir, dit Tott, de la décharger et de juger par moi-même de l'effet de cette bouche à feu. Toute la population se mit à frémir à cette idée, car elle était assurée que le choc de la décharge ferait crouler, à l'instant même, le château et la ville tout entière. Cependant, on ne tarda pas à se rassurer, et j'obtins la permission de tirer la pièce. Il ne fallut pas moins de trois cent trente livres de poudre pour compléter la charge, et le boulet pesait, comme je viens de le dire, onze cents livres. Au moment où l'artilleur s'approcha avec la mèche, toute la foule de curieux se recula aussi loin qu'elle put. J'eus toute la peine du monde à convaincre le pacha, qui survint de crainte d'accident, qu'il n'y avait aucun danger à redouter. Le canonnier lui-même, qui devait mettre le feu à la pièce au signal que je donnerais, tremblait de peur et d'effroi. Je me postai derrière la pièce dans une espèce de réduit en maçonnerie, donnai à haute voix le signal, et éprouvai au même instant un choc pareil à celui que produirait un tremblement de terre. A la distance d'environ trois cents toises, le boulet éclata en plusieurs morceaux, qui volèrent pardessus le détroit, tombèrent dans l'eau au pied du rivage opposé, et agitèrent si profondément le canal, qu'il se trouva tout couvert d'écume. »

Tels sont, messieurs, pour autant que ma mémoire m'est fidèle, les détails que le baron de Tott fournit sur ce canon, le plus gigantesque qu'il y ait au monde. Or, quand le baron de Munchhausen et moi nous visitâmes cette contrée, on racontait partout l'histoire de la décharge du canon par le baron de Tott, comme un trait de courage extraordinaire.

Mon protecteur, qui ne prétendait pas qu'un Français pût se vanter d'avoir accompli un acte de courage plus grand que ceux qu'il avait montrés lui-même, chargea aussitôt le canon sur son épaule, l'y posa en équilibre, sauta dans la mer et traversa le canal à la nage. Arrivé à l'autre bord, il voulut malheureusement lancer le canon dans la citadelle, où il avait été en position d'abord. Je dis malheureusement, car la pièce tomba dans l'eau du canal, où elle restera probablement jusqu'au jour du jugement dernier.

Ce fut là, messieurs, l'affaire qui brouilla entièrement le baron avec le sultan. L'histoire du trésor enlevé lui avait été pardonnée et était depuis longtemps mise en oubli ; car Sa Hautesse possédait assez de revenus pour remplir de nouveau sa trésorerie. Le baron, rentré en grâce, avait été invité par le Grand Seigneur lui-même à revenir en Turquie, et il s'était rendu à cette invitation. Il se trouverait peut-être encore dans l'empire ottoman à l'heure qu'il est, si le méchant Turc n'avait pas si mal pris la perte de la pièce de canon, et n'avait pas irrévocablement condamné mon maître à la mort.

Mais une certaine sultane, qui était devenue éperdument éprise du baron, l'instruisit aussitôt de l'ordre de Sa Hautesse, et le cacha dans sa propre chambre aussi longtemps que l'officier et les bourreaux chargés d'exécuter l'ordre de mort furent à sa recherche. La nuit suivante, nous nous enfuîmes à bord d'un navire qui partait pour Venise et que nous atteignîmes heureusement au moment où il se disposait à mettre à la voile.

Le baron n'aime pas à raconter cette aventure, parce que, cette fois, il ne réussit pas à exécuter le fait qu'il voulait accomplir, et qu'il faillit en outre y laisser la tête et les os. Cependant, comme elle ne peut en aucune façon le léser dans son honneur, je me permets parfois de la raconter en son absence.

Maintenant, messieurs, que vous connaissez tous suffisamment monsieur le baron de Munchhausen, j'espère que vous ne mettrez pas le moins du monde en doute sa véracité. Et afin que vous doutiez aussi peu de la mienne, permettez-moi de vous raconter encore un événement assez remarquable pour mériter votre attention. Mais d'abord je dois vous dire qui je suis.

Mon père, ou du moins celui qui passait pour tel, était originaire de Berne en Suisse. En cette ville, il était directeur de la voirie et chargé de l'inspection des rues, des allées, des places publiques et des ponts. Ces sortes d'employés portent dans ce pays, — hum! — le titre de balayeurs de rues. Ma mère était née dans les montagnes de la Savoie, et portait au cou un goître d'une beauté et d'une grosseur extraordinaires, ce qui est assez commun aux dames de cette contrée. Elle quitta fort jeune la maison paternelle et se dirigea par bonheur vers la ville où mon père avait reçu le jour. Aussi longtemps qu'elle fut jeune, elle gagnait sa vie à faire toutes sortes de choses aimables aux gens de notre sexe. Car il est de notoriété qu'elle ne refusait jamais de se prêter à une amabilité, surtout quand on la lui demandait la main bien garnie de la courtoisie convenable.

Ce couple charmant se rencontra un soir, par hasard, dans la rue, et, comme tous deux avaient en ce moment une légère pointe, ils se heurtèrent et tombèrent ensemble sur un tas de boue desséchée. Ce qu'ils firent en cette rencontre, on l'ignore;

mais ce qui est certain, c'est que, surpris par la garde-de-nuit, ils furent tous deux jetés dans la maison de détention. Là, après avoir songé à leur aise combien il eût été déraisonnable de s'en vouloir mutuellement, ils tombèrent amoureux l'un de l'autre, et ils se marièrent. Or, comme ma mère retournait insensiblement à son ancien train de vie, mon père, qui avait de grands sentiments d'honneur, ne tarda pas à la quitter, et lui assigna pour sa subsistance les revenus d'un panier de balayeur. Elle s'attacha bientôt à une société qui parcourait le pays pour l'amusement général avec un théâtre de marionnettes. Sa fortune la conduisit à Rome, où elle établit un commerce d'huîtres.

Vous avez, tous sans doute, entendu parler du généralissime papal, le duc d'Ornino, et du plaisir qu'il prenait à manger des huîtres. Or, un vendredi qu'il passait la revue des troupes de Sa Sainteté, il défila devant la boutique de ma mère. Ses yeux tombèrent à la fois sur ma mère et sur les huîtres. Pris d'une double tentation, il s'arrêta aussitôt et descendit des étriers.

— Allez toujours, dit-il à ses hommes.

Page 152.

Il laissa défiler ses troupes comme elles voulurent, et entra dans la boutique. Les huîtres furent attaquées au même instant et toutes englouties en moins d'un clin d'œil. Quand toutes y eurent passé, le duc demanda en se léchant les lèvres :

— Y en a-t-il encore ?

— Oui, messire, répondit ma mère.

Et elle le conduisit dans la cave, qui lui servait à la fois de magasin, de salon et de chambre à coucher.

Le duc s'y plut si bien, qu'il congédia incontinent sa suite et passa la journée tout entière à manger des huîtres. Il ne sortit de la cave que le soir fort tard, heureux comme un dieu et repu comme un gourmand. Il était presque devenu une huître lui-même.

Une année après, j'étais au monde, vrai Romain et destiné à de grandes choses, c'est-à-dire à être un des partisans de l'illustre baron de Munchhausen.

## Le baron de Munchhausen continue son récit et narre les faits d'armes qu'il accomplit à Gibraltar.

Le baron, comme on peut facilement se l'imaginer, fut invité, à chaque occasion, à continuer le récit de ses instructives et amusantes aventures. Mais, pendant longtemps, toutes les prières furent inutiles. Il avait la très-louable habitude de ne rien faire qui ne fût à sa fantaisie, et l'habitude plus louable encore de ne pas se laisser détourner de cette résolution. Mais enfin le soir si longtemps désiré arriva, et l'illustre conteur manifesta par un rire joyeux qu'il allait céder aux désirs de ses compagnons et qu'il était disposé à satisfaire à leurs instances.

*Conticuere omnes intentique ora tenebant,*

comme dit Virgile.

*Tous d'une oreille avide attendaient en silence,*

comme dit M. Barthélemy.

Et le baron, se dressant sur les épais coussins du sofa, commença en ces termes :

Pendant le dernier siége de Gibraltar, je m'embarquai sur la flotte commandée par lord Rodney et chargée de ravitailler cette forteresse, pour faire une visite à mon vieil ami le général Elliot, qui s'est acquis, par la glorieuse défense de cette place, des lauriers que le temps ne pourra flétrir. Quand le premier feu de la joie qu'on éprouve nécessairement en revoyant un ancien ami qu'on n'a vu depuis longtemps, se fut un peu refroidi, je fis avec le général le tour de la forteresse, pour me mettre au courant de l'état de défense et des dispositions de l'ennemi. J'avais apporté de Londres un excellent télescope à miroir que j'avais acheté chez Dollond. Au moyen de cet impayable instrument, je reconnus que l'ennemi pointait sur nos honorables personnes une pièce de trente-six. Je communiquai aussitôt au général ce que je venais de voir. Il s'assura de la chose au moyen du télescope, et vit que je ne m'étais pas trompé.

Il me permit de faire amener aussitôt de la batterie voisine une pièce de quarante-huit, que je pointai si bien, — car, pour ce qui concerne l'artillerie, je puis me vanter de n'avoir pas encore trouvé mon maître, — que je fus entièrement sûr de mon fait.

Alors je me mis à observer l'ennemi avec l'attention la plus scrupuleuse, ne le quittant pas des yeux jusqu'au moment où je vis un de ses artilleurs porter la mèche à la lumière du canon. Au même instant je donnai le signal, et notre boulet partit. A peine fut-il parvenu à la moitié de sa portée, qu'il heurta le boulet ennemi. La force du nôtre fut telle, qu'après avoir fait rebondir l'autre, il broya la tête du canonnier qui avait mis le feu à la pièce et enleva, en outre, la tête de seize autres qui s'enfuyaient sur la côte d'Afrique. Il abattit, avant d'avoir atteint les États barbaresques, les grands mâts de trois navires qui étaient disposés sur une ligne l'un derrière l'autre, s'avança à deux milles anglais dans l'intérieur des terres, brisa le toit d'une chaumière de paysans, et, après avoir cassé une dent à une pauvre vieille qui y était précisément couchée sur un grabat, s'arrêta enfin dans le gosier de la malheureuse. Le mari de la vieille, qui entrait en ce moment, essaya vainement de retirer le boulet. Ne réussissant pas, il se mit aussitôt à l'enfoncer au moyen d'un pieu dans l'estomac de sa moitié, d'où il partit de la manière la plus naturelle, après la digestion nécessaire et préalable.

Notre boulet nous rendit des services immenses et presque incroyables. Non-seulement il refoula celui que l'ennemi nous avait envoyé, comme je viens de le raconter, mais encore, selon mon intention, il le porta à démonter la pièce qui avait servi contre nous et à la jeter si violemment de son affût, qu'elle tomba de tout son poids sur le fond du navire et le troua si bien, que l'eau entra aussitôt dans la cale et que le bâtiment coula au même instant avec plus de mille matelots espagnols et un nombre plus considérable encore de soldats d'équipage qui s'y trouvaient.

Ce fut là, sans contredit, un fait extraordinaire. Cependant, je ne veux pas qu'on l'attribue entièrement à mon mérite. Il est vrai que l'honneur de l'idée première en appartient à ma sagacité et à la justesse de mes avis. Mais le hasard me seconda aussi et n'y fut pas pour peu de chose; car je découvris, après que l'acte fut accompli, que notre canon avait été pourvu d'une double charge de poudre, et ainsi s'explique l'effet merveilleux de notre boulet et la force avec laquelle il fit rebrousser chemin à celui de l'ennemi.

Le général Elliot voulut récompenser le grand service que j'avais rendu et m'offrit un brevet de capitaine dans ses troupes. Mais je refusai cette offre et me contentai des remercîments que le général me fit, le jour même, au nom de son pays, en présence de tous les officiers de la garnison.

Comme je suis fort dévoué aux Anglais, par la raison qu'ils sont les soldats les plus braves des trois royaumes, je me fis une loi de ne pas quitter la garnison aussi longtemps que je pouvais y être

Page 15

utile. Or, trois semaines après mon arrivée, il se présenta une occasion favorable de me distinguer de nouveau. Je me déguisai en prêtre catholique et me glissai, à une heure du matin, dans les lignes ennemies. Après les avoir heureusement traversées, je pénétrai dans le camp. J'allai droit à la tente où le comte d'Artois avec tous les officiers généraux se trouvaient réunis pour dresser un plan d'attaque contre notre citadelle, à laquelle ils avaient l'intention de donner l'assaut le lendemain. Mon déguisement me protégea si bien, que personne ne songea à me faire partir, et qu'il me fut permis d'entendre à mon aise tout ce qui se disait dans ce conseil de guerre. Enfin, le conseil fini, ils allèrent tous se coucher, et je vis bientôt l'armée entière, même les sentinelles, plongées dans le plus profond sommeil. Je profitai du moment et me mis aussitôt à démonter tous leurs canons, au nombre de plus de trois cents pièces, les unes de vingt-quatre, les autres de quarante-huit, et à les jeter dans la mer à la distance de trois lieues. Comme il n'y avait là personne qui pût me prêter la main, ce fut le travail le plus laborieux que j'eusse accompli de ma vie, un seul excepté qui, je le sais, vous a été raconté en mon absence par un des témoins qui y assistèrent ; je veux parler du canon turc que mentionne le baron de Tott, et avec lequel je traversai le Bosphore à la nage.

Aussitôt que j'eus fini de jeter tous les canons à l'eau, je transportai tous les affûts et les caissons au milieu du camp. Et, pour que le roulement des roues ne donnât pas l'éveil, je fus forcé de porter caissons et affûts deux à deux sous mes bras. Ce fut, en vérité, un tas superbe et au moins aussi haut que le rocher de Gibraltar. Cela fait, je pris une pièce de quarante-huit en fer, que j'avais gardée à cet effet, et fis du feu en la frappant sur une pierre d'un ancien mur de construction arabe, et qui se trouvait à vingt pieds sous terre. J'allumai une mèche et mis le feu au tas que je venais de construire. J'ai oublié de vous dire, messieurs, que j'avais d'abord jeté sur l'énorme monceau toutes les munitions que j'avais rassemblées.

Toutes ces matières inflammables réunies furent bientôt en flammes et formèrent un brasier terrible et magnifique. Pour échapper à tout soupçon, je fus le premier à donner l'alarme. Tout le camp fut bientôt sur pied et se trouva saisi d'épouvante, comme vous pouvez bien vous l'imaginer, non-seulement à cause du feu même, mais encore parce que le bruit se répandit de tous côtés que les sentinelles avaiènt été surprises et que sept ou huit régiments, sortis de la citadelle, avaient mis cet inconcevable désordre dans l'artillerie de siége.

M. Drinkwater, dans son histoire de ce siége mémorable, fait mention de la perte énorme que l'ennemi subit par suite d'un incendie qui éclata dans le camp des assiégeants; mais il ne sait pas le moins du monde à quoi attribuer la cause de ce feu épouvantable. A la vérité, cela lui eût été difficile; car je ne mis personne dans ma confidence, pas même le général Elliot, bien que j'eusse à moi seul sauvé Gibraltar par mon expédition de cette nuit. Le comte d'Artois, dès le premier moment, s'enfuit avec tous ses gens. Ils coururent pendant quinze jours sans s'arrêter, et d'une traite ils arrivèrent à Paris, pleins encore d'épouvante et d'effroi. La terreur dont ils avaient été saisis à cet effroyable incendie fut telle, qu'ils ne purent ni manger ni boire pendant trois mois, et qu'ils vécurent simplement de l'air, à la façon des caméléons.

Environ deux mois après que j'eus rendu ce service aux assiégés, je me trouvais un matin à déjeuner avec le général Elliot, quand tout à coup une bombe (car je n'avais pas eu le temps de faire des mortiers de l'ennemi ce que j'avais fait de ses canons) descendit dans notre chambre et tomba sur la table. Le général se sauva aussitôt de la chambre, comme tout autre eût fait; mais moi, au lieu de fuir, je pris la bombe avant qu'elle eût éclaté et la portai en toute hâte sur le sommet de notre rocher. Arrivé là, je la relançai non loin du camp ennemi, sur la côte, au milieu d'une troupe de gens qui s'y trouvaient réunis, je ne sais pour quel motif, car je ne pus le voir assez distinctement à l'œil nu. Je pris donc aussitôt mon télescope et remarquai que c'étaient les ennemis qui se disposaient à pendre deux des nôtres, un général et un major, avec lesquels j'avais passé la soirée la veille, et qui avaient été pris en voulant pénétrer en espions dans le camp espagnol au milieu de la nuit.

La distance était trop grande pour que je pusse

jeter la bombe assez loin pour atteindre le groupe. Mais heureusement je me rappelai que j'avais dans ma poche la fronde dont feu David se servit contre le géant Goliath. J'y plaçai la bombe et la lançai juste au milieu du groupe. Elle tomba, se releva avec fureur et broya tous les assistants, à l'exception des deux officiers anglais, qui, pour leur bonheur, se trouvaient déjà accrochés. Un éclat sauta contre le pied du gibet, qui tomba renversé du coup. Nos deux amis eurent à peine mis pied à terre, qu'ils jetèrent les yeux autour d'eux avec un étonnement qu'il est facile de comprendre. Revenus comme par miracle et voyant que les sentinelles, le bourreau, le grand prévôt et toute l'assistance avaient descendu la garde, ils dénouèrent aussitôt le sinistre collier qu'ils avaient au cou et se sauvèrent de toutes leurs jambes vers le rivage, où ils trouvèrent heureusement une chaloupe et deux rameurs espagnols qui les conduisirent à bord d'un de nos navires.

Peu de minutes après, comme j'étais occupé à raconter le fait au général Elliot, les deux officiers rentrèrent à Gibraltar, et, après mille remerciments de leur part et mille félicitations de la nôtre, nous célébrâmes le plus gaiement du monde ce jour mémorable.

Messieurs, je le vois dans vos yeux, vous désirez tous savoir par quel moyen je parvins à obtenir l'inappréciable trésor dont je viens de vous parler, je veux dire la fronde en question. Eh bien! écoutez, voici comment ce bonheur m'arriva. Apprenez que je descends de la femme d'Urie, qui eut, comme vous savez, d'intimes relations avec le vainqueur de Goliath. Ces rapports furent d'abord d'une tendresse extrême, mais, — comme cela arrive toujours, — Sa Majesté le roi devint de plus en plus froid envers la comtesse, car elle fut élevée à cette dignité pendant les trois premiers mois qui suivirent la mort de son mari. Un jour ils entrèrent en querelle sur un point d'une très-haute importance, c'est-à-dire sur l'endroit où fut construit l'arche de Noé et sur celui où elle s'était arrêtée après le déluge. Mon aïeul avait la prétention de passer pour le premier antiquaire de son temps, et la comtesse était présidente d'une société historique. En outre, il était entaché de cette faiblesse si commune à la plupart des grands seigneurs et à presque toutes les petites gens, de ne pas souffrir la moindre contradiction ; — et elle avait le défaut de son sexe, d'avoir raison en toutes choses. Bref, une séparation s'ensuivit.

Elle l'avait souvent entendu parler d'une fronde comme d'un trésor inappréciable, et elle trouva bon de l'emporter, probablement pour garder un souvenir de celui qu'elle avait aimé. Mais, avant qu'elle eût pu franchir la frontière des États du roi, on s'aperçut que la fronde avait disparu et on envoya à sa poursuite six hommes de la garde royale. Cependant la comtesse se servit si bien de l'instrument qu'elle avait emporté, qu'elle frappa juste à l'endroit même où Goliath avait été blessé mortellement, un des soldats qui voulait se distinguer par son zèle, et qui s'était avancé en tête de ses compagnons.

Ceux-ci, le voyant tomber par terre, ne tinrent pas longtemps conseil, et, au lieu de continuer à la poursuivre, aimèrent mieux chercher à porter la nouvelle de cet événement au roi. La comtesse, de son côté, profita de l'occasion pour continuer à cheval son voyage vers l'Égypte, où elle jouissait d'une haute considération à la cour.

J'aurais dû vous dire plus tôt que, de plusieurs enfants qu'elle avait eus de Sa Majesté, elle avait emmené un de ses fils en s'éloignant de la cour du roi. L'Égypte est si fertile, qu'en moins de peu d'années ce fils obtint plusieurs autres sœurs et frères. Mais ce fut à lui qu'elle laissa, par un article particulier de son testament, la précieuse fronde, et c'est de lui qu'elle m'est parvenue en ligne directe.

Un de mes aïeux, qui vivait il y a environ deux cent cinquante ans, et qui fut en possession de la fronde, fit connaissance, dans un voyage qu'il fit en Angleterre, avec un poëte qui n'était rien moins que plagiaire et qui n'en était qu'un plus grand braconnier, Shakspeare. Ce poëte, sur les terres duquel, sans doute par compensation, les Allemands et les Anglais braconnent aujourd'hui horriblement, emprunta souvent la fronde de mon aïeul, et tua, au moyen de cette arme, tant de gibier dans le parc de sir Thomas Lucy, qu'il n'échappa qu'à grand'peine au sort que faillirent encourir mes deux amis de Gibraltar. Le pauvre diable fut jeté en prison, et mon aïeul parvint à le faire remettre en liberté par un moyen tout particulier.

La reine Élisabeth, qui régnait alors, se devint à charge à elle-même vers la fin de sa vie. S'habiller, se déshabiller, manger, boire, faire tous les autres offices de la vie matérielle qu'il n'est pas nécessaire que j'énumère ici, lui rendaient la vie excessivement ennuyeuse. Mon aïeul la mit à même de faire tout cela, selon sa volonté, par elle-même ou par procuration. Et quelle faveur pensez-vous qu'il demanda pour cet incomparable chef-d'œuvre de science magique? La liberté de Shakspeare. La reine ne put réussir à lui faire accepter autre chose. Le brave homme s'était pris d'une telle affection pour le poëte, qu'il eût volontiers donné une partie de sa vie pour prolonger celle de son ami. Du reste, je puis vous assurer, messieurs, que la méthode pratiquée par la reine Élisabeth pour vivre sans aucune nourriture, si originale qu'elle fût par elle-même, ne réussit guère auprès de ses sujets, au moins auprès des *mangeurs de rosbif* [1], comme

[1] Ce nom, attribué à ceux qui aiment la viande de bœuf et qui ne peuvent se procurer ce plaisir par des motifs d'économie, fut donné d'abord aux gardes royaux.

on les appelle communément. Au surplus, elle ne survécut pas plus de sept ans et demi à l'adoption de ce système.

Mon père, qui me légua en héritage cette fronde peu de temps avant mon départ pour Gibraltar, me raconta la remarquable anecdote que je vais vous redire ici. Ses amis l'ont souvent entendu raconter par lui, et aucun de ceux qui ont connu ce respectable vieillard n'en révoquera en doute la vérité. « Je m'arrêtai, disait-il, pendant assez longtemps en Angleterre et allai me promener un jour au bord de la mer aux environs de Harwich. Tout à coup un cheval de mer furieux s'élança sur moi avec une colère incroyable. Je n'avais pas d'autre arme que cette fronde, avec laquelle je lui jetai deux pierres si bien adressées que je lui crevai les deux yeux. Après cela, je me plaçai sur le dos du monstre et le dirigea vers la mer. Cela ne fut guère difficile ; car dès le moment qu'il eut perdu la vue, il se laissa dompter comme un enfant. Je lui passai ma fronde dans la bouche en guise de bride et le poussai sans la moindre difficulté à travers l'Océan. En moins de trois heures nous atteignîmes le rivage opposé, éloigné de trente lieues environ de l'endroit que nous venions de quitter. Je vendis ma

monture à Hellevoetsluys, pour cinq cents ducats, à l'hôte des *Trois Coupes*, qui montra l'animal comme un objet curieux et gagna ainsi une jolie fortune. On peut en voir la gravure dans Buffon. Mais si ce voyage fut extraordinaire, les observations et les découvertes qu'il me permit de faire furent mille fois plus extraordinaires encore.

« L'animal sur le dos duquel j'étais assis ne nageait pas ; mais il courait avec une rapidité extrême sur le fond de la mer, et chassait devant lui des millions de poissons parmi lesquels il y en avait dont l'histoire naturelle ne soupçonne pas même l'existence. Plusieurs portaient la tête au milieu du corps, d'autres au bout de la queue. D'autres étaient rangés en cercle et chantaient des chœurs d'une beauté ravissante. D'autres construisaient avec l'eau des édifices transparents de la plus grande magnificence, avec leurs colonnes gigantesques où circulait en tous sens une matière que je ne puis comparer qu'à de l'or fluide et qui étincelait en mille couleurs variées et changeantes. Plusieurs chambres de ces édifices étaient disposées avec une élégance et un goût tels que les poissons de la plus haute distinction y trouvaient toutes les commodités désirables de la vie. Les unes étaient destinées à soigner le frai, les autres servaient à élever les jeunes poissons. La méthode d'éducation qu'on y suit paraissait extérieurement (car l'intérieur je le comprenais aussi peu que le chant des oiseaux ou le dialogue des grillons) présenter tant de rapports avec celle qu'on observe dans les établissements soi-disant philanthropiques de notre temps et autres institutions de ce genre, que j'ai la conviction intime qu'un de nos monomanes de philanthropie a fait le même voyage que moi, et qu'il a pêché ses idées dans l'eau claire plutôt qu'il ne les a attrapées dans l'air au vol. Du reste, de ce que je viens de vous dire, vous conclurez qu'il y a encore dans le monde un large champ d'exploitation et qu'il y reste encore bien des spéculations à faire. — Mais permettez-moi de continuer mon récit.

« Je passai entre autres sur une immense chaîne de montagnes, qui était au moins aussi haute que les Alpes. Les flancs des rochers étaient garnis d'une immense quantité d'arbres aussi grands que variés. Sur ces arbres croissaient des homards, des écrevisses, des huîtres, des moules, des limaçons d'eau, etc., qui souvent étaient si monstrueux qu'un seul eût suffi pour charger un chariot et dont le plus petit eût été un fardeau trop lourd pour les épaules d'un portefaix. Toutes les choses de cette espèce que l'on met en vente sur nos marchés ne sont que de la vraie misère, que l'eau arrache des branches de ces arbres, de même que le vent fait tomber les plus mauvais fruits de nos arbres terrestres. Les arbres à homards me parurent les plus fournis. Mais ceux à écrevisses et à huîtres me semblèrent les plus grands. Les petits limaçons d'eau croissent sur une espèce de buissons qui se trouvent toujours au pied des arbres à huîtres et se tortillent autour de leurs troncs comme le lierre autour des chênes.

» Je remarquai aussi le singulier phénomène d'histoire naturelle que produisit un navire naufragé. Il avait donné, comme il me semblait, sur la pointe d'un rocher qui ne se trouvait qu'à trois brasses au-dessous de l'eau, et avait été jeté sur le côté en coulant à fond. Il descendit sur un immense arbre à homards dont il abattit un grand nombre, lesquels tombèrent sur un arbre à écrevisses qui était moins haut. Comme l'événement arriva précisément au printemps et que les homards étaient encore fort jeunes, ils s'accouplèrent avec les écrivisses et produisirent un fruit nouveau qui ressemblait aux deux espèces à la fois. Je voulus, à cause de la rareté du fait, en emporter un exemplaire; mais la chose m'était d'une part trop difficile, et de l'autre mon Pégase ne voulait pas s'arrêter ni se tenir tranquille. Du reste, j'avais déjà fait la moitié de mon chemin et je me trouvais dans une vallée située au moins à cinq cents toises au-dessous de la surface de la mer où je me sentis horriblement incommodé, n'ayant pas d'air à respirer. Au surplus, ma situation était loin d'être agréable sous d'autres rapports. De moments en moments je rencontrais de grands poissons qui, pour autant que je pus en juger d'après l'ardeur avec laquelle ils ouvraient leurs énormes gueules, ne paraissaient pas éloignés de nous avaler tous deux. Je vous ai dit que ma pauvre Rossinante était aveugle, et que ce ne fut que grâce à ma prudence et à mon attentive direction, que je pus échapper aux intentions hostiles de ces messieurs affamés. Je continuai donc ma route et cherchai à gagner terre aussi vite que possible.

» Quand je me trouvai assez près du rivage de la Hollande et que l'eau ne s'élevait plus qu'à environ vingt toises au-dessus de ma tête, il me sembla voir couchée devant moi sur le sable une figure humaine, qu'à ses vêtements je jugeai être une femme. Je crus remarquer qu'elle donnait encore quelques signes de vie. Quand je me fus approché davantage, je vis réellement qu'elle agitait une main. Je la saisis par cette main et la ramenai au rivage ne donnant plus le moindre signe de vie. Bien qu'alors on ne fût pas encore parvenu au degré de science qu'on a atteint aujourd'hui, — aujourd'hui que dans la moindre taverne de village vous trouvez des remèdes pour rappeler les noyés du royaume des ombres, — les efforts sages et infatigables d'un apothicaire de l'endroit réussirent à rallumer les dernières étincelles de vie qui restassent dans cette femme. Elle était la chère moitié d'un homme qui commandait un bâtiment appartenant au port d'Hellevoetsluys et qui avait mis en mer peu de temps auparavant. Par malheur, dans la précipitation qu'il avait mise à son départ, il avait emmené avec lui une autre femme que la sienne. Celle-ci fut aussitôt instruite de ce fait par une de ces vigilantes gardiennes de la paix domestique, vulgairement appelées amies; et, comme elle avait la ferme conviction que les droits conjugaux sont aussi sacrés sur mer que sur terre, elle se mit, tout enflammée de jalousie, à la poursuite de son époux, dans une chaloupe ouverte. Arrivée à bord du navire monté par l'infidèle, elle chercha, dans une courte, mais intraduisible allocution, à l'apostropher d'une manière si passionnée, que son homme jugea prudent de reculer de deux pas. La conséquence de cette retraite fut que la main osseuse de l'infortunée fit sur les flots l'impression qu'elle voulut faire sur les oreilles de son mari. Or, comme ceux-là cédaient avec plus de facilité, il se fit qu'elle ne trouva que sur le fond de la mer la résistance qu'elle cherchait. Ce fut en ce moment que mon heureuse étoile me la fit rencontrer pour rendre un couple heureux de plus à la terre.

» Je puis facilement me représenter les bénédictions sans nombre dont monsieur son mari me combla sans doute en retrouvant, à son retour, sa charmante compagne, si miraculeusement sauvée par moi. Du reste, quelque mauvais que fût le tour que je jouai au pauvre diable, mon cœur reste entièrement innocent du fait. Le mouvement qui me fit agir ainsi ne fut tout purement que la charité chrétienne, bien que les conséquences dussent être fort terribles pour lui, comme je ne puis en disconvenir. »

Ici, messieurs, se terminait le récit de mon père sur l'origine de la fronde merveilleuse dont je vous ai entretenus et qui, après avoir été pendant si longtemps conservée dans ma famille et lui avoir rendu tant et de si éminents services, faillit jouer de son reste entre les dents du cheval de mer. Au moins je pus encore m'en servir, comme je viens de vous le raconter, dans un but extraordinairement humanitaire en renvoyant aux Espagnols une bombe avant qu'elle eût éclaté et en sauvant ainsi du gibet deux de mes amis. En faisant un si noble usage de ma fronde, je lui donnai le dernier coup. Elle périt en cette occasion ; car, à vrai dire, elle avait bien des années de service et le temps l'avait considérablement entamée. Elle partit en grande partie avec la bombe, et ce qui m'en resta dans la main se trouve aujourd'hui déposé dans les archives de ma famille, où je le conserve en éternelle mémoire, à côté d'un grand nombre d'autres antiquités fort importantes.

## LIII

### Comment le baron de Munchhausen fut transformé en un boulet de canon.

Peu de temps après, je quittai Gibraltar et retournai en Angleterre, où m'arriva une des plus singulières aventures de ma vie entière.

Je devais me rendre à Wapping pour assister à l'embarquement de différents effets que je voulais envoyer à plusieurs de mes amis à Hambourg. Quand on eut fini, je revins par le Tower-wharff. C'était à peu près l'heure de midi, et je me sentis tellement fatigué à cause de la marche que je venais de faire et à cause de l'extrême chaleur du jour, que je me glissai dans un des canons qui s'y trouvent placés, pour me reposer un peu. Je m'y fus à peine installé, que je m'endormis aussitôt d'un profond sommeil. Par malheur c'était précisément ce jour-là la fête du roi, et à une heure on se mit à tirer les canons en l'honneur de la solennité. On les avait chargés le matin même; et, comme personne ne pouvait soupçonner que je m'y trouvasse goûtant les douceurs du sommeil, je fus lancé, par-dessus les maisons de l'autre côté du fleuve, dans la prairie d'un métayer, entre Vermondsey et Deptford. Je tombai, comme par miracle, sur une immense meule de foin, où je restai sans me réveiller, comme on peut facilement le concevoir en tenant compte de l'étourdissement qui m'avait pris.

Environ trois mois après cet événement, le foin haussa si considérablement de prix, que le métayer se mit à entamer largement ladite meule et à vendre ses provisions. Le tas était si énorme, qu'on n'eût pu le transporter sur cinq cents char-

Page 178.

riots. On se mit donc à le charger. Je fus réveillé par le bruit des gens qui y avaient appliqué leurs échelles pour y monter. Presque dormant encore et sans savoir où j'étais, je voulus m'enfuir et tombai juste sur le propriétaire du foin. Je ne fus que légèrement blessé de cette chute; mais le maître de la ferme ne l'en fut que d'autant plus âprement. Il resta mort sous moi; car je lui avais, le plus innocemment du monde, cassé le cou. Pour le repos de ma conscience j'appris, dans la nuit, que le drôle était un juif abominable, qui tenait toujours les fruits de ses champs dans ses greniers jusqu'au moment où, à cause de leur cherté extrême, il pouvait les vendre au plus haut prix possible. De sorte que la mort violente qu'il subit fut sa juste récompense et un véritable bienfait pour tout le monde.

Mais quel fut mon étonnement lorsque je fus entièrement revenu à moi-même, et que j'eus longtemps cherché à rattacher, dans ma mémoire, à mes pensées présentes celles qui me préoccupaient au moment où je m'endormis trois mois auparavant! L'étonnement de mes amis ne fut pas moins grand en me voyant revenir, après qu'ils eurent fait faire tant de recherches inutiles pour me retrouver. Vous pouvez facilement, messieurs, vous imaginer cela.

Maintenant buvons un petit verre avant que je continue, et je vous raconterai encore une couple d'autres aventures maritimes.

## Huitième Aventure sur mer.

### Comment le baron de Munchhausen trompa une compagnie d'ours blancs.

---

Vous avez, sans doute, entendu parler du dernier voyage de découverte fait dans les régions du Nord par le capitaine Phipps, aujourd'hui lord Mulgrave. J'accompagnai le capitaine en ami et en amateur. Quand nous fûmes parvenus à un degré considérable de latitude, je pris mon télescope avec lequel vous avez déjà fait connaissance à Gibraltar, et je me mis à observer les objets qui se trouvaient autour de nous. Car, soit dit en passant, j'ai toujours trouvé qu'il est bon de regarder de temps en temps autour de soi quand on est en voyage.

A environ un demi-mille de l'endroit où nous voguions, flottait une immense montagne de glace, qui était infiniment plus haute que la pointe de nos mâts, et j'y avisai deux ours qui, selon que je jugeai, étaient engagés dans un duel effroyable. Je m'armai aussitôt de mon fusil et descendis sur la glace. Mais, lorsque j'en eus atteint le sommet, je m'aperçus que le chemin que je suivais était extraordinairement difficile et dangereux. Par moments il me fallut sauter par-dessus des abîmes effroyables. Dans d'autres endroits la glace était aussi glissante qu'un miroir, en sorte que je ne pouvais faire un pas sans tomber. Pourtant je parvins à atteindre les ours, et en même temps je m'aperçus qu'au lieu de se battre ils étaient occupés à jouer ensemble.

Je calculais déjà la valeur de leurs peaux, — car chacun d'eux était au moins aussi gros qu'un bœuf gras; — mais, en ajustant mon fusil, je glissai du pied droit, tombai en arrière et perdis, par cette horrible chute, connaissance pour un quart d'heure au moins. Représentez-vous l'épouvante dont je fus saisi quand je sentis, en revenant à moi, qu'un des monstres dont je viens de vous parler, m'avait retourné sur le visage et prenait déjà entre ses dents le ceinturon de mes chausses neuves de cuir. La partie supérieure de mon corps était couchée sur le ventre de l'animal, et mes deux jambes étaient étendues en avant. Dieu sait où le terrible quadrupède m'eût entraîné. Mais, avec mon sang-froid ordinaire, je tirai au même instant mon couteau, — le voici, messieurs, — et, saisissant la patte

gauche de l'ours, lui coupai net trois doigts. Alors

il me lâcha aussitôt et se mit à hurler d'une manière épouvantable. Je profitai de ce moment pour relever mon fusil de terre, et je l'ajustai si bien que mon ennemi tomba mort du coup. Il était pour toujours endormi du sommeil des morts; mais le bruit de mon arme avait réveillé plusieurs milliers de ces animaux qui, dans une circonférence d'un demi-mille, se trouvaient endormis sur la glace. Tous accoururent à moi à franc étrier. Ce fut une chose à vous faire dresser les cheveux sur la tête.

Il n'y avait pas de temps à perdre; j'étais mort, si une idée inespérée n'était venue me sauver tout à coup. Cette idée me vint. Dans la moitié du temps qu'il faut à un chasseur exercé pour arracher la peau à un lièvre, je dévêtis l'ours mort, m'enveloppai de la peau et me cachai la tête dans la sienne. A peine me trouvai-je ainsi en règle, que toute la troupe des ours se rassembla autour de moi. J'avais alternativement froid et chaud sous ma pelisse. Cependant ma ruse me réussit à merveille. Ils vinrent l'un après l'autre me flairer, et parurent visiblement me tenir pour un frère germain. Il ne me manquait en effet qu'un peu de corpulence pour leur ressembler parfaitement. Il y en avait du reste plusieurs jeunes qui n'étaient pas beaucoup plus gros que moi. Après qu'ils m'eurent tous flairé, ils parurent devenir plus familiers avec moi. J'imitais exactement leurs mouvements et leurs gestes. Seulement ils hurlaient et mugissaient en maîtres, et je me sentais incapable d'atteindre cette admirable perfection. Mais autant j'avais l'air d'un ours, autant je me sentais homme. Je commençai donc à avoir un moyen de mettre à profit, de la façon la plus avantageuse possible, la familiarité qui s'était établie entre ces animaux et moi.

J'avais autrefois entendu dire par un chirurgien de village qu'une blessure faite à l'épine dorsale cause instantanément la mort. Je résolus donc d'en faire l'expérience. Je m'armai de nouveau de mon couteau et en frappai le plus grand des ours au cou, près des épaules. Quoi qu'il en soit, ce fut un trait de hardiesse dont je ne fus pas médiocrement effrayé moi-même ; car il était évident que si l'animal survivait au coup, il me mettrait infailliblement en pièces. Mais ma tentative réussit admirablement, et l'ours tomba mort à mes pieds sans plus faire le moindre mouvement. Je pris donc le parti de traiter de même tous les autres, et cela ne me fut guère difficile; car, en voyant tomber à droite et à gauche leurs frères, ils n'y virent que du feu, les imbéciles, ne songeant ni à la cause ni au résultat de la chute successive de leurs compagnons. Et ce fut là ce qui causa mon salut. Quand je les vis tous morts à mes côtés, je me sentis aussi fier que Samson après qu'il eut tué les Philistins.

Pour être bref, je retournai au navire et demandai les trois quarts de l'équipage pour m'aider à dépecer les ours et à en transporter les jambons à bord. Nous terminâmes ce travail en quelques heures et chargeâmes tout notre bâtiment d'une riche cargaison. Le reste fut jeté à la mer, bien que j'eusse la conviction intime que, convenablement salée, cette viande eût été aussi bonne à manger que le meilleur gigot.

Dès notre retour en Angleterre, j'envoyai, au nom du capitaine, plusieurs jambons aux lords de l'amirauté, plusieurs autres aux lords de la trésorerie, au lord-maire et aux aldermen de Londres. Le reste, je le distribuai entre mes amis particuliers. Je reçus de tous côtés les plus vifs remercîments et l'expression de la plus sincère reconnaissance, notamment par une gracieuse invitation au dîner annuel que le lord-maire donne à l'hôtel-de-ville de Londres.

Les peaux d'ours, je les envoyai à l'impératrice de Russie pour servir de pelisses d'hiver à sa majesté et à sa cour. Elle m'en remercia dans une lettre autographe qu'elle m'envoya par un ambassadeur particulier, et dans laquelle elle me fit l'honneur de m'offrir sa main et de partager avec moi sa couronne. Seulement, comme je n'ai pas le moindre goût pour la dignité royale, je remerciai dans les termes les plus choisis sa majesté de son offre gracieuse. Le même ambassadeur qui m'apporta la lettre impériale, avait reçu l'ordre de rapporter personnellement ma réponse à sa souveraine. Une seconde lettre que je reçus, peu de temps après, de l'impératrice, me convainquit de la manière la plus formelle de l'élévation de sa pensée et de la force de sa passion. Sa dernière maladie la surprit au moment où elle — la pauvre femme! — cherchait à se consoler, dans un entretien avec le comte Dolgoroucki, de ma cruauté envers elle. Je ne sais quel effet je produis sur les dames; mais l'impératrice de Russie n'est pas la seule de son sexe qui, du haut de son trône, m'ait tendu sa main et son cœur.

Quelques gens ont répandu le bruit que, dans son voyage au Nord, le capitaine Phipps ne s'avança pas aussi loin qu'il aurait pu le faire. Aussi c'est ici pour moi un devoir de prendre sa défense. Notre bâtiment était réellement en bon chemin d'atteindre le pôle, quand tout à coup survint mon aventure avec les ours et que je chargeai tellement le navire de peaux et de gigots d'ours, que c'eût été une véritable folie de continuer notre route, parce que nous étions à peine en état de naviguer contre le moindre petit vent contraire, et, par conséquent, moins encore contre les énormes montagnes de glace qui entourent de tous côtés le pôle.

Depuis, le capitaine a souvent déclaré combien il était mécontent de n'avoir pu prendre part à mon expédition, qu'il avait coutume d'appeler emphatiquement la journée des peaux d'ours. Avec cela il ne m'envia pas médiocrement l'honneur de cette victoire et chercha tous les moyens et toutes les occasions d'en atténuer la gloire. Nous nous sommes souvent querellés à ce sujet, et maintenant encore nous ne sommes pas sur le meilleur pied ensemble. Entre autres choses, il soutient hardiment que je ne puis me vanter d'avoir trompé les ours en m'affublant de la peau d'un des leurs, et qu'il aurait voulu se rendre sans masque au milieu d'eux et se faire passer pour un ours tout de même.

Mais c'est là un point trop difficile et trop délicat pour qu'un homme qui a des prétentions à passer pour bien élevé, puisse entrer à ce sujet en discussion avec qui que ce soit, et moins qu'avec tout autre noble pair d'Albion.

---

## Neuvième Aventure sur mer.

### Comment le baron de Munchhausen fit la chasse aux perdreaux au milieu de l'Océan.

Étant en Angleterre, je résolus de faire un autre voyage sur mer avec le capitaine Hamilton. Nous partîmes ensemble pour les Indes-Orientales. J'emmenai un chien couchant qui, selon moi, et dans le sens le plus réel du mot, n'eût pu se payer au poids de l'or. Vous allez voir, messieurs, quel admirable service il me rendit. Un jour, comme nous nous trouvions encore à la distance d'au moins trois cents lieues de terre, selon les calculs les plus exacts que nous pûmes faire, mon chien se mit en arrêt. Je le vis avec étonnement se tenir dans cette pose pendant une heure tout entière. Je donnai connaissance de ce fait étrange au capitaine et aux officiers du bord, et conclus que nous devions être près de terre, vu que mon chien flairait évidemment quelque gibier. Mais je ne réussis qu'à exciter un rire général; comme si la bonne opinion que j'avais de l'animal pût être révoquée en doute, et comme si moi-même j'eusse pu en être la dupe.

Après une longue discussion pour et contre mon avis, je finis par déclarer ouvertement au capitaine que je me fiais plus au nez de mon Tray qu'aux yeux des meilleurs marins, et je pariai cent guinées, — somme que j'avais destinée à ce voyage, — qu'en moins d'une demi-heure nous aurions du gibier.

Le capitaine, brave et excellent homme, se remit à rire de plus belle et pria M. Crawford, notre chirurgien, de me tâter le pouls. Le chirurgien obéit à cet ordre et assura que je me trouvais dans le meilleur état de santé. Sur cela, il s'échangea entre lui et le capitaine quelques paroles à voix basse dont je ne pus saisir que celles-ci :

— Il n'a pas sa tête à lui, disait le capitaine ; je ne puis en honneur accepter ce pari.

— Je suis d'un avis tout à fait contraire, répliqua le chirurgien. Il n'est pas dérangé le moins du monde. Tout ce qu'il y a, c'est qu'il a plus de confiance dans l'odorat de son chien que dans l'intelligence des officiers du bord. Votre conscience peut en toute sûreté accepter la gageure proposée. Il perdra à coup sûr et en tout cas, mais il le mérite du reste.

— L'acceptation d'un pari de cette sorte, continua le capitaine, n'est aucunement raisonnable de ma part. Toutefois ce n'en sera qu'une chose plus honorable pour moi, si je lui rends son argent après l'avoir gagné.

Pendant que ce dialogue se tenait ainsi à demi voix, Tray ne quitta point la position qu'il avait prise et me confirma de plus en plus dans mon opinion. Je proposai pour la seconde fois le pari, et le capitaine l'accepta aussitôt.

A peine eûmes-nous confirmé nos engagements par un serrement de mains et prononcé le solennel tope, que quelques matelots, placés dans la chaloupe attachée à l'arrière du navire et occupés à pêcher à la ligne, attrapèrent tout à coup un énorme requin et l'amenèrent à bord. Ils commencèrent à dépecer le monstrueux poisson, et ne trouvèrent pas moins de six paires de perdreaux dans le ventre de l'animal.

Les pauvres bêtes s'étaient déjà depuis si longtemps trouvées dans l'estomac du requin, qu'une des perdrix était occupée à couver cinq œufs, dont l'un était éclos au moment où le poisson fut ouvert.

Nous élevâmes ces jeunes oiseaux avec une nichée de petits chats qui étaient venus au monde peu de minutes avant. La vieille chatte les aimait autant que ses propres petits, et miaulait de douleur chaque fois qu'ils s'envolaient un peu trop loin et ne s'empressaient pas de revenir assez vite. Parmi le reste de notre prise il y avait quatre autres perdrix qui se mirent à couver à leur tour, de sorte que, pendant toute notre traversée, la table du capitaine ne cessa d'être fournie du meilleur gibier. Pour récompenser mon pauvre Tray des cent guinées qu'il m'avait fait gagner, je lui fis donner chaque jour les os des perdreaux que nous mangions, parfois même un oiseau tout entier.

## Dixième Aventure sur mer.

### Comment le baron de Munchhausen fit une deuxième ascension dans la lune.

Je vous ai déjà parlé, messieurs, d'un petit voyage que je fis dans la lune, pour retrouver ma hachette d'argent. Je parvins, plus tard, à faire un nouveau voyage dans cette planète, mais d'une manière bien plus agréable que la première. J'y restai assez longtemps pour m'instruire convenablement de plusieurs choses que je vous raconterai aussi exactement que ma mémoire me le permettra.

Un parent éloigné que je voyais souvent s'était mis dans la tête qu'il devait nécessairement y avoir un peuple qui égale en grandeur celui que Gulliver prétend avoir trouvé dans le royaume de Brobdignag. Il résolut de partir pour faire un voyage de découverte à la recherche de ce pays inconnu, et me pria de l'accompagner. Pour ma part, je n'avais regardé le récit de Gulliver que comme un conte d'enfant, et je croyais aussi peu à la réalité de Brobdignag qu'à celle d'un Eldorado. Mais, comme ledit parent m'avait institué son légataire universel, il était naturel que je me montrasse quelque peu galant envers lui. Nous arrivâmes heureusement dans la mer du Sud, sans avoir rencontré la moindre contrariété ni aucun événement qui mérite d'être rapporté, si ce n'est plusieurs hommes et femmes qui volaient dans l'air, munis d'ailes, ou dansaient des menuets et faisaient des entrechats et autres drôleries de ce genre.

Le dix-huitième jour après que nous eûmes passé l'île d'Otahiti, un ouragan entraîna notre navire sur la surface de la mer à la distance d'environ mille lieues, en nous enlevant par intervalles dans l'air. Enfin le vent redoubla de violence, gonfla nos voiles et nous emporta avec une rapidité extraordinaire. Pendant six semaines nous avions voyagé à travers les nuages, quand nous découvrîmes un pays immense, rond et étincelant, que nous prîmes pour une île rayonnante. Nous entrâmes dans un excellent port, où nous abordâmes, et trouvâmes que cette terre était habitée. Au-dessous de nous, nous vîmes se développer une autre terre avec des villes, des arbres, des montagnes, des fleuves, des mers, des lacs, comme celle que nous venions de quitter.

Dans la lune, — car c'était l'île étincelante où nous venions d'arriver, — nous vîmes de grandes figures qui chevauchaient sur des vautours dont chacun avait trois têtes. Pour vous donner une idée de ces oiseaux, je dois vous dire que l'envergure de leurs ailes était six fois aussi longue que le câble le plus long de notre navire. De la même manière que nous montons des chevaux, les habitants de cette île chevauchent sur ces oiseaux.

Le roi de cette terre était précisément en guerre avec le soleil. Il m'offrit un brevet d'officier. Mais je n'acceptai point l'honneur que sa majesté voulait me faire.

Tout, dans ce monde extraordinaire, est d'une grandeur si gigantesque, qu'une mouche ordinaire, par exemple, n'est guère plus petite que ne le sont nos moutons. Les armes dont les habitants de la lune se servent de préférence, sont des raiforts qu'ils lancent en guise de javelots et qui tuent instantanément ceux qui en sont atteints. Leurs boucliers sont faits de peaux, et quand la saison des raiforts est passée, ils se servent de tiges d'asperge.

J'eus aussi l'occasion d'y voir quelques habitants de l'étoile Sirius que leurs affaires commerciales y avaient amenés. Ils ont des têtes comme celles des bouledogues. Ils ont les yeux placés aux deux côtés du bout, ou, pour mieux dire, à la partie inférieure du nez. Ils n'ont pas de cils ; mais, quand ils dorment, ils se couvrent les yeux avec leur langue. Ils ont ordinairement vingt pieds de haut ; mais aucun des habitants de la lune n'a moins de trente-six pieds. Le nom que portent ces derniers est un peu étrange. On ne les considère pas comme des hommes, mais on les appelle cuisiniers, parce qu'ils font dans le pays l'office qu'exerce chez nous cette sorte de gens. Du reste, ils ne passent guère beaucoup de temps à prendre leurs repas; car ils ont dans le creux de la poitrine une petite porte qu'ils ouvrent et par où ils introduisent la portion tout entière directement dans l'estomac; puis ils la referment jusqu'au mois suivant, au même jour. De cette façon ils ne mangent que douze fois par an, institution qui doit plaire à tous ceux qui ne sont ni gastronomes ni gourmands.

Les plaisirs de l'amour sont entièrement inconnus dans la lune; car, dans la classe des cuisiniers aussi bien que dans celle des hommes et des autres animaux, il n'y a qu'un seul et même sexe. Toutes choses croissent sur des arbres, qui, du reste, diffèrent de beaucoup entre eux, tant par les fruits qu'ils portent que par leur feuillage et par leur hauteur. Ceux qui produisent les cuisiniers ou les hommes, sont beaucoup plus beaux que les autres, ont des troncs d'une grosseur énorme et des feuilles couleur de chair; leurs fruits consistent en noix, qui ont des écailles très-dures, et sont longues au moins de six pieds. Quand ces fruits sont mûrs, ce qu'on voit à la couleur de leurs écailles, on les cueille avec le plus grand soin et on les conserve aussi longtemps qu'on le trouve convenable. Lorsqu'on veut rendre vivants les noyaux des noix, on les jette dans une chaudière d'eau bouillante ; en peu d'heures les écailles s'ouvrent, et la créature en sort vivante et animée.

Leur esprit est toujours, même avant qu'ils entrent dans le monde, formé pour une destination particulière. D'une écaille sort un soldat, d'une autre un philosophe, d'une troisième un théologien, d'une quatrième un jésuite, d'une cinquième un fermier, d'une sixième un paysan, et ainsi de suite. Et chacun commence aussitôt à pratiquer l'état qu'il sait déjà théoriquement. C'est une chose extraordinairement difficile que de juger avec certitude ce que renferment les écailles. Cependant un théologien lunaire fit grand bruit, pendant mon séjour dans la planète, de ce secret qu'il prétendit avoir découvert. Mais on ne fit guère attention à ce qu'il disait, et on le tint généralement pour un insensé.

Quand les habitants de la lune deviennent vieux, ils ne meurent pas, mais ils se dissolvent dans l'air et se dissipent en fumée.

Ils n'éprouvent jamais le besoin de boire, et ils n'ont à chaque main qu'un seul doigt avec lequel ils peuvent faire tout, aussi bien et mieux encore que nous ne le pourrions avec les cinq que nous avons à chaque main.

Ils portent la tête sous le bras droit; et quand ils vont en voyage ou qu'ils se livrent à des travaux qui nécessitent beaucoup de mouvement, ils la laissent communément à la maison; car ils peuvent lui demander conseil, quelque éloignés qu'ils soient d'elle. Les principaux des habitants de la lune, quand ils désirent de savoir ce qui se passe parmi le commun peuple, ne se rendent jamais sur la place publique. Ils restent à la maison, c'est-à-dire que leur corps reste chez eux, et ils envoient leur tête dans la rue, pour voir incognito ce qui se passe et venir rapporter, à l'instant où ils le veulent, toutes les choses qu'elles ont vues ou entendues.

Les graines des raisins dans la lune ressemblent

exactement aux grelons de notre terre, et je suis fermement convaincu que, lorsqu'une tempête lunaire abat ces raisins de leurs ceps, les graines en tombent sur notre planète et forment notre grêle. Je crois aussi que cette mienne observation doit depuis longtemps être connue de plus d'un marchand de vin; du moins j'ai souvent bu du vin qui me parut fait de jus de grelons et auquel je trouvai complétement le goût du vin de la lune.

J'allais presque oublier de vous raconter une circonstance toute particulière. Le ventre des habitants de la lune leur rend exactement le même service qu'un sac rend à un soldat. Ils y mettent les choses dont ils ont besoin, et peuvent à leur gré l'ouvrir et le fermer, de même que leur estomac, comme je vous l'ai déjà dit; car d'entrailles ils n'en ont point. De vêtements ils n'en portent guère, pour un motif que je vous ai indiqué aussi.

Ils peuvent, à leur fantaisie, ôter leurs yeux ou les replacer au bout de leur nez; et quand ils les tiennent à la main, ils voient aussi bien que quand ils les ont plantés à leur place naturelle. Si, par quelque accident, ils en perdent ou en détériorent un, ils peuvent en acheter ou en louer un nouveau et s'en servir comme du leur propre. C'est pourquoi on trouve dans la lune beaucoup de marchands d'yeux, et dans cet article de commerce règne la mode la plus capricieuse, car tantôt on voit des yeux verts, tantôt des yeux jaunes, tantôt des yeux oranges au nez des damerets et des coquettes du pays.

Je conviens que tout cela, messieurs, doit vous paraître étrange. Mais je permets à tous ceux qui douteraient le moins du monde de mes paroles, de faire eux-mêmes le voyage de la lune pour se convaincre que je suis resté plus fidèle à la vérité que peut-être peu de voyageurs ne l'ont été.

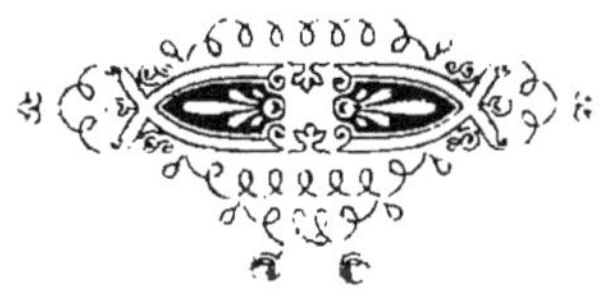

VOYAGES SOUTERRAINS

ET

AUTRES AVENTURES MERVEILLEUSES

DU

Baron de Munchhausen.

## LIV

### Comment le baron de Munchhausen descendit dans l'Etna.

Si je puis m'en rapporter à vos yeux, je me fatiguerais plus vite à vous raconter les événements extraordinaires de ma vie, que vous ne vous fatigueriez à m'écouter. Votre amabilité est trop flatteuse pour moi pour que je conclue mon histoire par mon second voyage dans la lune, comme je me l'étais proposé. Aussi, messieurs, prêtez encore votre attention à une aventure dont l'authenticité est aussi incontestable que l'est celle du voyage dont je viens de vous faire le récit, et qui la surpasse peut-être par le merveilleux dont elle paraît empreinte.

Les voyages de Brydone en Sicile, que j'avais lus avec l'avidité la plus curieuse, firent naître en moi le désir de visiter le mont Etna. Je me mis donc en route pour la Sicile. En chemin il ne me survint rien qui mérite de vous être raconté. Je dis à moi, car beaucoup d'autres, s'ils avaient été à ma place, n'eussent pas manqué, pour se défrayer de leur voyage, de raconter en détail au public les événements les plus vulgaires comme des choses d'importance.

Un matin de bonne heure je sortais d'une chaumière située au pied de la montagne, fermement résolu à examiner, même au péril de ma vie, la disposition intérieure du volcan. Après une route fatigante de trois heures, je parvins au sommet de la montagne. L'Etna grondait de tous ses poumons et mugissait à faire plaisir. Depuis trois semaines il était en mouvement ainsi. Vous savez, messieurs, par mille et une descriptions qui en ont été faites, quel est l'effet d'une éruption. Ainsi, ce serait peine perdue que de vous dépeindre cela en détail. Vous pouvez donc vous le représenter par vos lectures, et si vous ne le pouvez pas, je ne veux pas essayer une chose impossible et y perdre un temps qui m'est aussi précieux que vous l'est le vôtre.

Je fis trois fois le tour du cratère, dont vous aurez une idée exacte en vous figurant un immense entonnoir, et voyant que par là je m'enhardissais en plus en plus, je me décidai aussitôt à y des-

cendre en y sautant à pieds joints. A peine j'eus

fait ce saut courageux, que je me trouvai comme dans un bain à vapeur d'une chaleur excessive, et que mon pauvre corps fut douloureusement brûlé et entamé en plusieurs parties par les charbons et par la lave qui jaillissait sans relâche avec un bruit infernal.

Du reste, quelle que fût la violence avec laquelle elle montait, je ne cessais de descendre avec une rapidité infiniment plus grande encore, à cause de mon poids, et je parvins heureusement en peu de temps au fond de la cave. La première chose que je remarquai fut un bruit infernal, une rumeur épouvantable, des cris et des blasphèmes qui semblaient se produire autour de moi. Je regardai, et..... figurez-vous, je me vis entouré de Vulcain et de ses cyclopes. Ces messieurs, que dans ma sagesse j'avais depuis longtemps relégués dans l'empire des mensonges, se trouvaient, depuis trois semaines, en querelle sur une question d'ordre et de subordination; et c'était cette dispute qui remuait ainsi toute la Sicile. Mon arrivée rétablit tout à coup la paix et la concorde dans le royaume souterrain.

Page 211.

Vulcain, dès qu'il m'eut avisé, se dirigea en boitant vers son armoire et en tira des onguents et des emplâtres qu'il m'appliqua de sa propre main, et en peu de minutes mes blessures furent guéries. Après cela il m'offrit quelques rafraîchissements, un flacon de nectar et d'autres vins précieux, comme les dieux et les déesses seuls en boivent. Dès que je fus entièrement revenu à moi, il me présenta à madame son épouse, c'est-à-dire à dame Vénus, et lui recommanda de me pourvoir dans la maison de toutes les commodités que ma situation exigerait. La beauté de l'appartement qui me fut donné, les voluptueux divans qui circulaient tout à l'entour et où elle me pria de m'asseoir, le charme divin et magique de sa personne, enfin la tendresse de son cœur, — tout cela était au-dessus de ce que le langage humain peut exprimer, et me fait encore tourner la tête rien que par le souvenir.

Vulcain me fit une description fort détaillée du mont Etna. Il me dit que ce n'était qu'un entassement des cendres sorties de sa fournaise, et que, fréquemment forcé de mettre ses gens à la raison, il leur jetait dans sa colère des charbons ardents sur le corps, lesquels ils paraient avec une grande adresse pour s'en débarrasser. « Nos différends, continua-t-il, durent souvent des mois entiers, et les phénomènes qu'ils produisent sur la terre sont ce que les mortels appellent du nom d'éruptions. Le mont Vésuve est aussi une de mes forges. Un chemin d'environ trois cent cinquante lieues m'y conduit sous le lit de la mer. Là aussi nos divisions causent fréquemment des éruptions pareilles. »

Si je me plaisais à ce que le dieu me disait ainsi, je me plaisais mieux encore à la société de sa femme, et je ne serais peut-être pas sorti de ce palais souterrain si quelques mauvaises langues, ardentes à se mêler toujours des affaires des autres, n'avaient pas mis la puce à l'oreille de Vulcain et que le feu de la jalousie ne se fût tout à coup allumé dans le cœur du bonhomme. Sans me donner au préalable le moindre avertissement, il me prit un matin au collet, comme j'attendais la belle déesse à sa toilette, et m'emporta dans une chambre que je n'avais pas encore vue jusqu'alors. Là il me tint au-dessus d'un trou qui me parut être un gouffre, et m'apostropha rudement en ces termes :

— Ingrat mortel, retourne bien vite dans le monde d'où tu es venu.

Après avoir dit ces mots, et sans me permettre de m'expliquer, il me jeta dans l'abîme.

Je tombai aussitôt et tombai avec une rapidité toujours croissante, jusqu'à ce que la peur et le vertige m'eussent fait perdre connaissance. Mais, peu après, je revins à moi grâce à la fraîcheur de l'eau d'un lac immense où je me trouvai tout à coup et qu'illuminaient les rayons dorés du plus beau soleil. Depuis mon enfance je suis le meilleur nageur que l'on connaisse. Aussi, je me mis incontinent à faire la coupe et la planche, nageant à grands efforts de bras et bénissant le Ciel de m'avoir si bien tiré de ce pas si dangereux, que je me crus dans un vrai paradis en comparant ma situation présente avec celle où le jaloux Vulcain avait failli me mettre.

Je regardai d'abord de tous côtés autour de moi, mais je ne vis de toutes parts qu'un horizon sans bornes, rien que l'eau, partout de l'eau. Bien que je m'estimasse heureux d'avoir échappé aux tenailles de messire Vulcain, je ne me trouvais pas à mon aise, je vous assure, au milieu de cet océan sans bornes. Mais, enfin, je découvris, à quelque distance, un objet qui avait l'apparence d'un rocher et qui parut s'avancer vers moi. Bientôt je pus m'assurer que c'était une énorme montagne de glace flottante. Après beaucoup de recherches, je trouvai un lieu d'abordage et je parvins à gravir le sommet. Seulement, à mon grand désespoir, je pus me convaincre de là que j'étais perdu, tout l'horizon ne me présentant que de l'eau et une mer sans fin. Je me fatiguais vainement les yeux à chercher à découvrir quelque terre, quand, par un miracle du Ciel, je vis, peu avant le tomber de la nuit, un navire qui cinglait vers moi. Aussitôt qu'il fut assez près pour qu'il pût m'entendre, je me mis à le héler de toutes mes forces, et il me répondit en hollandais. Je me jetai, au même instant, dans la mer et nageai vers le vaisseau, où l'on me tira à bord. Je m'informai de l'endroit où nous étions.

— Dans la mer du Sud, me répondit-on.

Cette découverte résolut aussitôt toute l'énigme. Il était évident pour moi que j'avais traversé le centre du globe et que j'étais tombé par l'Etna dans la mer du Sud, route, à coup sûr, infiniment plus courte que celle prise vulgairement par les voyageurs qui s'amusent à faire le tour de la terre. Personne avant moi n'avait tenté ce passage nouveau; et si je refais un jour ce voyage, je promets bien de faire des observations plus exactes et plus précieuses pour la science.

Je me fis donner à bord quelques rafraîchissements, et allai me coucher. Mais les Hollandais sont un peuple extraordinairement grossier; car le lendemain je racontai aux officiers mes aventures telles que je viens de vous les dire, messieurs, et plusieurs d'entre eux, le capitaine surtout, firent mine de mettre en doute l'authenticité de mes paroles. Cependant, comme ils m'avaient généreusement pris à leur bord, et que je ne vivais que grâce à leur hospitalité, je n'eus rien de mieux à faire que de mettre l'insulte dans mes poches.

Après cela je m'enquis du but de leur voyage. Ils me répondirent qu'ils faisaient une expédition de découverte, et que, si mon histoire était vraie, leur but était atteint. Nous nous trouvions précisément sur la route que le capitaine Cook avait faite, et arrivâmes le lendemain à Botany-Bay, lieu que la nature a doté de tant de richesses, que le gouvernement anglais, au lieu d'y envoyer ses forçats pour les punir, devrait y envoyer les gens de bien pour les récompenser.

## LV

### Comment le baron de Munchhausen aborda à une île de fromage.

Nous ne restâmes que trois jours à Botany-Bay. Le quatrième jour après notre départ, nous fûmes assaillis d'une violente tempête qui, en quelques heures, nous battit avec tant de force que nos voiles furent toutes déchirées, notre beaupré mis en pièces, enfin notre mât de perroquet renversé. Ce ne pas fut là tout notre malheur. Nous en eûmes un autre, plus grand encore, à déplorer. Ce dernier mât, en tombant, avait brisé notre unique boussole. Tous ceux d'entre vous qui ont navigué, messieurs, savent quelles peuvent être les suites déplorables d'une pareille perte. Aussi, nous ne sûmes bientôt plus où nous étions, ni où nous allions. Cependant la tempête finit par s'apaiser, et elle fut suivie d'une bonne et fraîche brise. Nous allions et nous voguions depuis trois mois, pendant lesquels nous filâmes nécessairement une bonne quantité de nœuds, quand tout à coup nous remarquâmes un changement merveilleux à tout ce qui se trouvait autour de nous. Nous nous sentîmes tout gais, tout dispos, et notre odorat fut chatouillé par les parfums les plus exquis. La mer elle-même était d'une tout autre couleur, car elle n'était plus verte, mais d'une blancheur éclatante.

Bientôt après ce brusque changement de toutes choses, nous aperçûmes un pays et non loin de nous un port vers lequel nous nous dirigeâmes aussitôt et que nous trouvâmes spacieux et profond. Au lieu d'être rempli d'eau, il était rempli de lait. Nous abordâmes, et l'île tout entière n'était formée que d'un grand fromage. Nous n'aurions peut-être jamais découvert cela, si une circonstance particulière ne nous avait pas mis sur la trace; car il y avait, dans notre navire, un matelot qui avait une antipathie naturelle pour le fromage. Dès qu'il mit pied à terre, il tomba sans connaissance. Quand il revint à lui, il supplia qu'on ôtât le fromage de dessous ses pieds; et quand on eut bien examiné le sol, il se trouva en effet que nous étions sur un fromage gigantesque. Il servait en grande partie d'aliment aux habitants, et chaque nuit il s'accroissait d'une part égale à celle qu'ils avaient consommée le jour. Nous y trouvâmes une grande quantité de vignes garnies de gros et superbes raisins qui, lorsqu'on les pressait, ne donnaient que du lait au lieu de jus. Les habitants de l'île étaient sveltes et beaux, ayant la plupart neuf pieds de haut. Chacun d'eux avait trois jambes et un bras; et quand ils avaient acquis tout leur développement, il leur venait sur la tête une corne dont ils se servaient avec une dextérité extraordinaire. Ils faisaient des courses au clocher sur la surface du lait, et s'y promenaient, sans y enfoncer, avec autant d'assurance que nous le ferions sur une pelouse.

Outre le fromage, il croissait sur cette île une grande quantité de blé dont les épis ressemblaient à des champignons, dans lesquels se trouvaient des pains parfaitement cuits et propres à être mangés tout de suite. Dans nos excursions sur ce fromage, nous découvrîmes sept fleuves de lait et deux de vin.

Après un voyage de seize jours, nous atteignîmes le rivage opposé à celui où nous avions abordé. Là nous trouvâmes des plaines tout entières de ce fromage, devenu bleu à force de vieillesse, et dont les vrais amateurs ont l'habitude de faire tant de cas. Mais, au lieu d'y trouver des vers, on y voyait croître de magnifiques arbres à fruit, des pêchers, des abricotiers et mille autres espèces que nous ne connaissions pas. Sur ces arbres, qui sont étonnamment grands, se trouvait une quantité innombrable de nids d'oiseaux. Nous avisâmes entre autres un nid d'alcyons dont la circonférence était cinq fois aussi grande que la coupole de l'église

Saint-Paul à Londres. Il était artistement construit d'arbres gigantesques solidement entrelacés, et il s'y trouvait au moins, — attendez, messieurs, je tiens à vous déterminer tout cela avec une exactitude rigoureuse, — il s'y trouvait au moins onze cents œufs, dont chacun était aussi gros qu'une barrique. Nous y pouvions non-seulement voir les petits, mais encore les entendre siffler. Quand nous eûmes à grands efforts ouvert un de ces œufs, il en sortit un jeune oiseau sans ailes, qui était considérablement plus gros que vingt vautours entièrement développés. A peine eûmes-nous mis en liberté le jeune animal, que le vieux alcyon plongea sur nous, saisit avec une de ses pattes notre capitaine, s'éleva avec lui dans l'air à la hauteur d'une lieue, le fouetta terriblement de ses ailes, et le laissa ensuite tomber dans la mer.

Les Hollandais, comme vous le savez, messieurs, nagent comme des rats d'eau. Aussi le capitaine nous eut bientôt rejoints, et nous nous disposâmes incontinent à regagner notre navire : mais nous ne retournâmes pas par le chemin par où nous étions venus. Parmi le gibier que nous prîmes il y avait deux buffles sauvages qui n'avaient qu'une seule corne plantée sur la tête et qui s'aiguisait entre leurs deux yeux. Nous regrettâmes plus tard de les avoir tués en apprenant que les habitants les apprivoisent et s'en servent en guise de cheval de trait et de monture. Leur chair, à ce qu'on nous dit, a un goût délicat, mais est entièrement inutile à un peuple qui ne vit que de lait et de fromage.

Quand nous nous trouvâmes encore à deux journées de marche de notre bâtiment, nous vîmes trois hommes qui étaient pendus par les jambes à de très-hauts arbres. Je m'informai des crimes qu'ils avaient commis pour mériter une peine aussi sévère, et l'on me dit qu'ils avaient voyagé dans des pays étrangers et qu'à leur retour ils avaient raconté mille mensonges à leurs amis, leur décrivant des lieux qu'ils n'avaient pas visités et leur parlant d'événements qui ne s'étaient point passés. Je trouvai la punition bien méritée et fort juste; car le premier devoir d'un voyageur est de rester dans les bornes les plus sévères de la vérité.

Aussitôt que nous eûmes atteint notre navire, nous levâmes l'ancre et mîmes à la voile, quittant ce pays extraordinaire. Tous les arbres du rivage, parmi lesquels il y en avait d'une hauteur et d'une grosseur prodigieuses, s'inclinèrent deux fois en nous saluant et reprirent ensuite tranquillement leur première position grave et majestueuse.

## LVI

Comment le vaisseau du baron de Munchhausen fut avalé par un énorme poisson.

Quand nous eûmes de nouveau erré pendant trois jours sur l'eau, Dieu sait où, — car nous n'avions pas de boussole, — nous arrivâmes dans une mer qui paraissait toute noire. Nous en dégustâmes l'eau et trouvâmes à notre grand étonnement que c'était du vin. Nous eûmes alors toute la peine du monde à empêcher les matelots de s'y griser. Tout allait parfaitement bien du reste. Nous voguions en paix. Seulement cette joie ne fut pas de longue durée. Car, peu d'heures après, nous nous trouvâmes soudain entourés d'une immense quantité de baleines et d'autres animaux monstrueux, parmi lesquels il s'en trouvait un d'une longueur si démesurée que nous ne pûmes voir le bout de sa queue, même avec le secours de toutes les lunettes d'approche dont nous étions munis. Malheureusement nous n'aperçûmes ce poisson presque fabuleux, qu'au moment où nous étions déjà assez près de lui. Il n'y avait pas moyen de nous reculer assez vite pour nous mettre hors de sa portée. Il fit un bond, se jeta devant nous, et prit notre bâtiment, qui allait toutes voiles déployées, entre ses énormes mâchoires dont chaque dent paraissait, à côté de notre grand mât, un arbre à côté d'un brin d'herbe.

Après que nous eûmes passé quelque temps dans sa gueule, il avala une masse prodigieuse d'eau. Le navire suivit le courant irrésistible, comme vous pouvez bien vous l'imaginer, et en un instant nous nous trouvâmes dans l'estomac de l'animal. Là nous étions comme si nous eussions été pris d'un calme plat ou comme si nous fussions à l'ancre. L'air, il faut que j'en convienne, était un peu chaud et un peu intolérable. Cela ne nous empêcha pas pourtant de regarder un peu autour de nous. Et nous vîmes une immense quantité d'ancres, de cordages, de chaloupes et de grands navires, en partie chargés, en partie vides, que ce monstre avait avalés. Toute cette inspection fut faite à la lumière des torches ; car il n'y avait plus pour nous ni soleil, ni lune, ni étoiles. Ordinairement nous nous trouvions deux fois par jour à flot et deux fois par jour à sec. Quand l'animal buvait, c'était le flux ; et quand il lâchait l'eau, c'était le reflux. D'après un calcul que la science nous permit d'établir, il buvait chaque fois plus d'eau que n'en contient le lac de Genève, qui pourtant a un circuit de trente lieues.

Le deuxième jour de notre captivité dans ce royaume des ténèbres, je me hasardai, avec le capitaine et plusieurs officiers, à faire une petite excursion, au moment où le reflux, comme nous l'appelions, eut laissé notre navire à sec. Nous nous étions naturellement tous pourvus de flambeaux, et nous découvrîmes dans une position toute pareille à la nôtre environ dix mille hommes de toutes les nations. Ils se disposaient précisément à ouvrir un conseil pour savoir quel moyen il conviendrait d'employer pour se délivrer. Quelques-uns d'entre eux avaient passé plusieurs années dans l'estomac de l'animal. Or donc on délibérait ainsi ; mais, au moment où le président nous instruisait de la question qui s'agitait, le diable de poisson, ayant soif, se mit à boire quand nous étions loin de nous y attendre. L'eau entra en mugissant et avec une rapidité telle, que nous n'eûmes que le temps de nous retirer au plus vite dans nos vaisseaux, si nous ne voulions risquer d'être noyés comme des pierres. Quelques-uns d'entre nous eurent toute la peine du monde à se sauver à la nage pour échapper à ce déluge inattendu.

Mais nous fûmes plus heureux, quelques heures après. Quand le reflux fut arrivé, nous nous réunîmes de nouveau en conseil. Je fus appelé au fauteuil de président, et proposai aussitôt une mesure qui me parut infaillible. Je demandai qu'on réunît par les bouts deux des plus grands mâts, et qu'ainsi, allongés l'un par l'autre, on les plaçât dans la gorge de l'animal quand il l'ouvrirait, et qu'on l'empêchât de cette façon de la refermer. Cette proposition fut acceptée à l'unanimité, et cent hommes des plus vigoureux furent choisis pour la mettre à exécution. A peine les deux mâts se trouvèrent-ils disposés comme je viens de dire, que l'occasion s'offrit de mettre en pratique mon projet. Le monstre se mit à bâiller, et, à l'instant même, les mâts furent placés debout dans son gosier, de manière que le bout inférieur se trouvait planté dans sa langue et le supérieur dans la voûte de son palais. Ainsi il lui fut impossible de refermer la gueule, quand même nos mâts eussent été infiniment plus minces qu'ils ne l'étaient en effet.

Lorsque le moment du flux fut revenu et que nous nous retrouvâmes à flot, nous disposâmes un grand nombre de chaloupes qui à force de rames traînèrent nos bâtiments à la remorque et nous délivrèrent de cette horrible captivité. La lumière du jour fut saluée, comme on peut facilement le concevoir, avec une joie d'autant plus grande, que, d'après nos calculs, nous avions passé environ quinze jours dans ce gouffre périlleux. Quand nous nous retrouvâmes ainsi délivrés, nous composions une flotte de trente-cinq navires, de toutes les nations. Nous laissâmes nos mâts plantés dans la gorge du poisson, pour préserver du malheur que nous venions d'encourir, ceux qui pourraient venir, après nous, se hasarder dans ces parages et s'exposer à être engloutis dans cet abîme d'horreur et de ténèbres.

## LVII

### Comment le baron de Munchhausen soutint un combat contre un ours et arriva heureusement en Russie.

---

Alors notre premier désir fut de savoir en quelle partie du monde nous étions. Mais nous ne pûmes d'abord parvenir à une certitude à ce sujet. Enfin, après de sérieuses observations scientifiques, je reconnus que nous nous trouvions dans la mer Caspienne. Comme cette mer n'est, à vrai dire, qu'un grand lac et qu'elle n'est liée à aucune autre mer, nous ne pûmes comprendre de quelle manière nous y étions arrivés. Mais un des habitants de l'île de fromage, que j'avais emmené avec moi, nous donna de l'énigme qui nous préoccupait, une solution fort ingénieuse. Selon lui, le monstre, après nous avoir engloutis, nous avait transportés en cet endroit par quelque passage souterrain. Quoi qu'il en fût, nous étions libres et nous nous trouvâmes bien heureux d'en être là. Nous fîmes force de voiles pour aborder au plus vite au rivage. Je fus le premier qui y descendit.

Mais j'eus à peine mis pied à terre, qu'un gros ours vint m'assaillir.

— Ha! me dis-je en moi-même, voilà un gaillard qui s'adresse mal.

Et au même instant je le pris par les deux pattes de devant et les serrai si bien en signe d'amitié, qu'il se mit à rugir et à hurler de toutes ses forces. Mais, sans me laisser aucunement toucher par ses lamentations, je le tins dans cette position jusqu'à ce qu'il mourût de faim. Par ce moyen j'inspirai à tous les ours une terreur salutaire et leur imprimai un tel respect qu'il n'y en eut plus un seul qui se hasardât de venir à ma rencontre.

De là je me rendis directement à Saint-Pétersbourg, où je reçus d'un ami un présent qui me fut extraordinairement agréable. Ce fut un chien de chasse, issu en ligne droite de la célèbre chienne dont je vous ai déjà parlé et qui fit des jeunes en poursuivant un lièvre. Mais malheureusement elle fut tuée, peu de temps après, par un chasseur maladroit qui, au lieu de tuer une compagnie de perdreaux qui s'élevait devant nous, frappa de mort le pauvre animal. En souvenir de cette excellente bête, je me fis faire de sa peau la veste que voici, et qui, lorsque je vais à la chasse, me conduit toujours instinctivement aux gîtes du gibier. Quand je m'en trouve assez près pour tirer à coup sûr, un bouton de ma veste saute aussitôt et s'élance vers l'endroit où le gibier se tient; et comme mon fusil est toujours armé et prêt à faire feu, je ne manque jamais mon coup.

Il me reste encore trois boutons, comme vous voyez, messieurs. Mais quand la chasse s'ouvrira, je ferai regarnir ma veste de deux rangées nouvelles.

Venez alors me voir, et vous verrez que j'aurai bien des histoires nouvelles à vous raconter. En attendant, j'ai pour aujourd'hui l'honneur de vous saluer et de vous souhaiter une bonne nuit.

# TABLE.

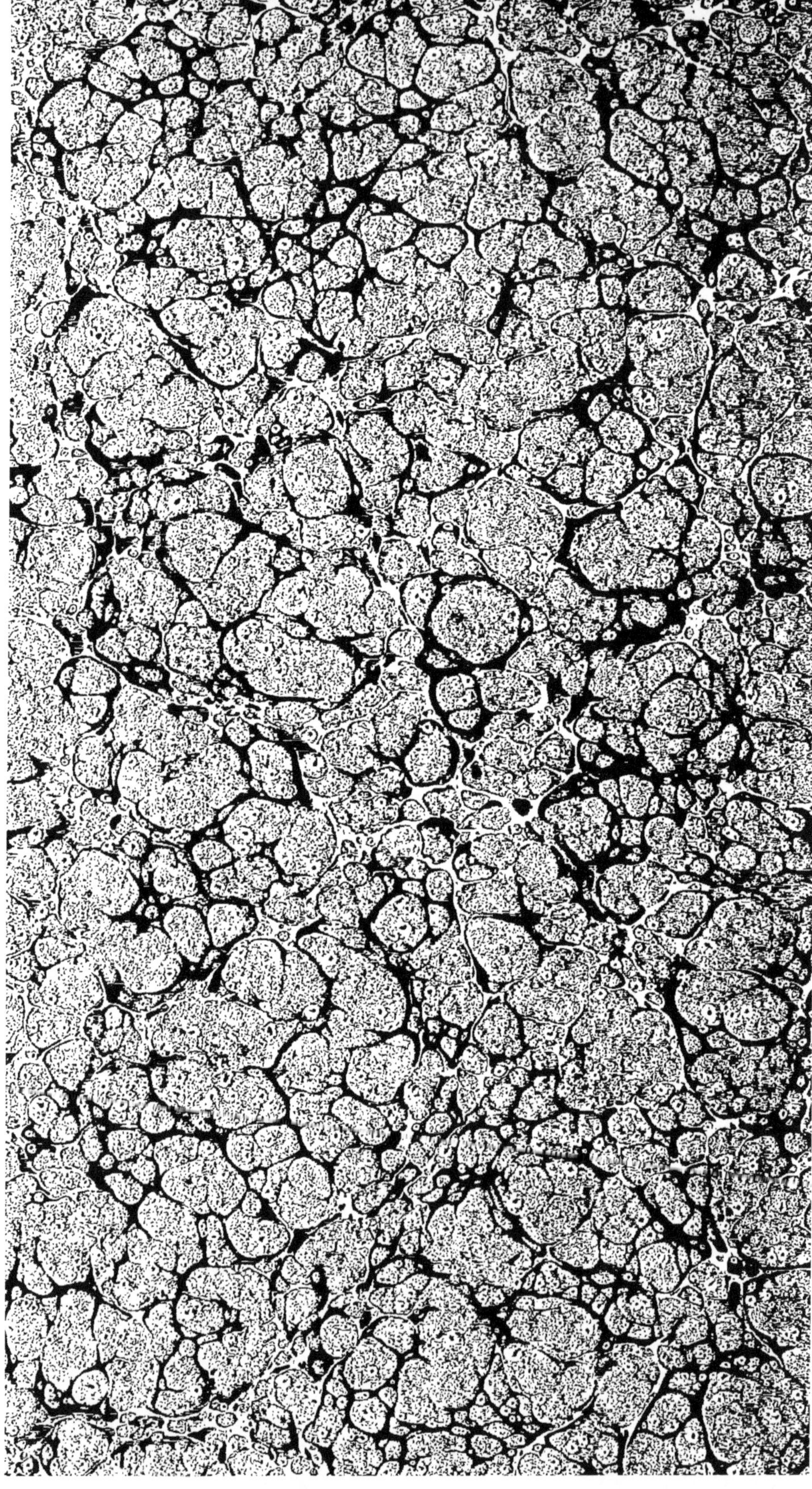

www.ingramcontent.com/pod-product-compliance
Ingram Content Group UK Ltd.
Pitfield, Milton Keynes, MK11 3LW, UK
UKHW020442200726
13857UKWH00002B/531